EinFach
Deutsch

AF198154

Arthur Schnitzler

Traumnovelle

... verstehen

Erarbeitet von
Martin Pohl

Herausgegeben von
Johannes Diekhans
Michael Völkl

Bildnachweis

|akg-images GmbH, Berlin: 52, 58; Imagno 57; Imagno/Setzer, Franz Xaver 53; Lessing, Erich 13. |Cinetext Bild & Textarchiv GmbH, Wetzlar: 45, 48, 70, 75, 78. |F1online, Frankfurt/M.: Fstop 46. |Kassing, Reinhild, Kassel: 33. |Müller, Bettina, Lonsheim: 15, 37. |vario images, Bonn: 24.

Wir arbeiten sehr sorgfältig daran, für alle verwendeten Abbildungen die Rechteinhaberinnen und Rechteinhaber zu ermitteln. Sollte uns dies im Einzelfall nicht vollständig gelungen sein, werden berechtigte Ansprüche selbstverständlich im Rahmen der üblichen Vereinbarungen abgegolten.

westermann GRUPPE

© 2010 Bildungshaus Schulbuchverlage
Westermann Schroedel Diesterweg Schöningh Winklers GmbH
Braunschweig, www.westermann.de

Druck A^3 / Jahr 2020
Alle Drucke der Serie A sind im Unterricht parallel verwendbar.

Umschlaggestaltung: Nora Krull, Bielefeld
Umschlagbild: © Cinetext Bildarchiv
Druck und Bindung: Westermann Druck GmbH, Braunschweig

ISBN 978-3-14-022483-3

Inhaltsverzeichnis

An die Leserin und den Leser

Liebe Leserin, lieber Leser,

„‚Und kein Traum', seufzte er leise, ‚ist völlig Traum.'"[1]
(S. 92, Z. 18)

Die Worte, die Fridolin, eine der Hauptfiguren der „Traumnovelle", seiner Frau Albertine im abschließenden Gespräch
der Novelle ins Ohr flüstert, verdeutlichen das Besondere
und Bahnbrechende des Textes auf eindrucksvolle Weise.
Jeder Traum ist mehr als nur ein Traum, er ist eine Verarbeitung unterdrückter Sehnsüchte und Wünsche und zeigt
auch Auswirkungen auf das zukünftige Leben. Arthur
Schnitzler erkundet in diesem Sinne in seiner Literatur ein
Terrain, das in der damaligen Zeit wie auch heute noch
fremd, rätselhaft und dunkel erscheint: die menschliche
Seele, das Unbewusste, das Unterbewusste, das Triebhafte
des Menschen.
Er verknüpft dabei als einer der Ersten die neuesten Er-
kenntnisse der Psychoanalyse, namentlich der Theorien
Sigmund Freuds, mit Literatur, ohne dass dabei langweilige
Texte im Sinne wissenschaftlicher Abhandlungen oder gar
Gutachten entstehen würden.
Das liegt daran, dass Schnitzler nie seine Figuren und deren
Motivation aus den Augen verliert. Das Psychologische er-
gibt sich aus dem Miteinander und Gegeneinander der
beiden Hauptpersonen Fridolin und Albertine, aus der Art,
wie sie agieren, aus dem, was sie denken und sagen. Die
Darstellung traumhafter Bilder, verrätselter Metaphern, das
Verschwimmen von Schein und Sein üben dabei eine Fas-
zination aus, die ihresgleichen in der Literatur sucht.

---

[1] Sämtliche Stellenangaben beziehen sich auf die im Literaturverzeich-
nis aufgeführte Textausgabe des Schöningh Verlags.

Die „Traumnovelle" nimmt somit eine Schlüsselposition in der Geschichte der modernen deutschen Literatur ein, indem sie von einer bis dahin betont objektiven Darstellung der Natur wegführt, hin zu einer klaren Subjektivität, zu dem bis dahin vielfach verborgen gebliebenen Innenleben von Figuren, ihren Seelennöten, Geheimnissen und verborgenen Wünschen.

Schnitzler hat in diesem Zusammenhang noch ein ganz besonderes Kunststück fertig gebracht. Die bekanntesten Texte der deutschsprachigen Literatur, die als „innere Monologe" geschrieben sind, stammen von ihm: „Lieutenant Gustl", „Fräulein Else" und die „Traumnovelle". Kann es etwas „Psychologischeres" und Spannenderes geben als das Protokoll der Gedanken, die Menschen sich machen, wenn sie in die größte Krise ihres Lebens geraten?

Hinzu kommt, dass der Autor nicht nur eine lebendige Vorstellung von den damaligen Zuständen in der Stadt Wien um 1900 liefert, sondern vielmehr zeitlose Gesetzmäßigkeiten und Spielregeln des menschlichen Zusammenlebens aufdeckt. In der „Traumnovelle" geht es in diesem Sinne um universelle und immer aktuelle Themen wie Liebe und Schuld, um verborgene Wünsche und Sehnsüchte, Sexualität und Triebhaftigkeit, Krankheit, Sterben, Tod und vieles mehr.

Darüber hinaus hat die Novelle auch gesellschaftskritische Momente: Durch die für die damalige Zeit skandalöse Thematisierung von Sexualität brach Schnitzler mit bürgerlichen Moral- und Wertvorstellungen und entlarvte die Doppelmoral der sogenannten kultivierten Wiener Gesellschaft. In diesem Zusammenhang tritt er auch für die sexuelle Emanzipation der Frau ein bzw. nimmt kritisch Stellung zu dem männlichen Herrschaftsanspruch. Er berührt in seinem Text also Aspekte, die auch in der heutigen gesellschaftlichen Diskussion noch relevant sind, und ist seiner Zeit damit weit voraus.

Die Zeitlosigkeit der „Traumnovelle" und ihrer Themen zeigt sich auch durch die zeitgenössische Weiterentwicklung des Stoffes auf anderen Gebieten der Kunst. 1999 kommt es zu einer viel beachteten Verfilmung des Stoffes durch den amerikanischen Regisseur Stanley Kubrick unter dem Titel „Eyes Wide Shut" mit den Hollywoodstars Tom Cruise und Nicole Kidman in den Hauptrollen.

Schnitzlers „Traumnovelle" stellt somit auf vielerlei Ebenen eine anregende, aufregende, spannende und herausfordernde Lektüre dar.

Viel Freude beim Lesen, Nachdenken und Verstehen wünscht

Martin Pohl

Der Inhalt im Überblick

Die 1926 erschienene „Traumnovelle" von Arthur Schnitzler handelt von den geheimen sexuellen Sehnsüchten eines in Wien um die Jahrhundertwende lebenden Ehepaars und den Folgen, die unterdrückte Wünsche für eine Beziehung haben können. Die beiden Hauptfiguren werden in diesem Zusammenhang zunächst als idealtypisches bürgerliches Ehepaar eingeführt. Fridolin ist Arzt und Albertine widmet sich der Erziehung ihrer gemeinsamen Tochter und ihren Pflichten als Hausfrau.

Ein gemeinsamer Ballbesuch bildet den Anlass für ein offenes Gespräch zwischen den Eheleuten, in dem sie sich ihre geheimen erotischen Fantasien gestehen. Die abendliche Unterhaltung wird unterbrochen, als Fridolin zu einem Patienten gerufen wird.

Als er im Haus des Hofrats ankommt, ist dieser bereits verstorben. Der Arzt trifft die Tochter des Hauses, Marianne, an, die ihm ihre Liebe gesteht. Fridolin fühlt sich geschmeichelt, weist die junge Frau jedoch letztendlich zurück, da er ihre Gefühle nicht erwiedern kann.

Nachdem Fridolin das Haus des verstorbenen Hofrats verlassen hat, erinnert er sich an das Gespräch mit seiner Frau zurück, was bei ihm Misstrauen und Eifersucht auslöst. Er entschließt sich, noch nicht nach Hause zu gehen und stattdessen einen Spaziergang durch das nächtliche Wien zu unternehmen.

Auf seinem Weg lernt der Arzt zunächst die Prostituierte Mizzi kennen, der er auf ihr Zimmer folgt. Trotz gegenseitiger Sympathie kommt es jedoch nicht zu einer sexuellen Annäherung, da sich die junge Frau den Zudringlichkeiten Fridolins aus Angst vor der Weitergabe einer Geschlechtskrankheit entzieht.

Fridolin sucht im Anschluss daran ein Café auf, in dem er auf seinen alten Studienfreund Nachtigall trifft. Dieser berichtet ihm, dass er hin und wieder als Pianist auf geheimen Ballveranstaltungen tätig ist. Maskierte Männer sollen dort mit nackten Frauen tanzen und feiern. In der Hoffnung auf Erfüllung seiner geheimen sexuellen Wünsche möchte Fridolin seinen Bekannten zu dem nächsten Treffen begleiten.

Bei dem Kostümverleiher Gibiser besorgt sich Fridolin eine Mönchskutte und eine Maske. Dabei lernt er die Tochter des Geschäftsmannes, Pierette, kennen. Die junge und attraktive Frau hat Besuch von mehreren verkleideten Männern und wird dafür von ihrem Vater schroff zurechtgewiesen. Pierette sucht Schutz bei Fridolin, der sich für das Mädchen einsetzt.

Wieder zu Nachtigall zurückgekehrt, verrät ihm dieser nur zögerlich die geheime Parole für den Einlass zur Ballgesellschaft. Fridolin folgt der Kutsche seines Bekannten zu einer abgelegenen Villa und verschafft sich Zutritt. Abseits des Geschehens beobachtet er das Treiben der maskierten Teilnehmer und ihrer leicht bekleideten, verführerischen Begleiterinnen, bis eine junge Frau ihn eindringlich vor den unabsehbaren Folgen einer Entlarvung als Findringling warnt. Fasziniert von der schönen Unbekannten weigert sich Fridolin jedoch, die Ballgesellschaft zu verlassen, und wird schließlich von den Teilnehmern als ungeladener Gast enttarnt. Die fremde Unbekannte opfert sich für Fridolin und bewahrt ihn so vor den Konsequenzen für sein Eindringen in die Versammlung. Der Arzt wird der Gesellschaft verwiesen und macht sich auf den Weg nach Hause.

Dort angekommen, trifft er seine Frau unruhig schlafend an und weckt sie. Nur zögerlich offenbart sie Fridolin den verstörenden Inhalt ihres Alptraumes: In ihrer Vorstellung hat sie ihren Mann mit einem Unbekannten betrogen. Trotz seines Wissens um die Untreue seiner Frau ließ sich Fridolin im Traum aus bedingungsloser Liebe foltern und letztendlich töten. Albertine hat den Qualen ihres Mannes dabei mitleidslos zugeschaut und verhöhnte ihn sogar.

Tief getroffen und getrieben von Rachegedanken macht sich Fridolin am nächsten Tag erneut auf den Weg, um die Begegnungen der letzten Nacht zu wiederholen. Erneut gelingt es ihm jedoch nicht, eine sexuelle Beziehung zu Marietta, der Prostituierten Mizzi und Pierette aufzubauen. Vor der Villa der geheimen Gesellschaft angekommen, wird er erneut davor gewarnt, weitere Nachforschungen anzustellen. Durch einen Zeitungsartikel wird er auf den Tod einer jungen Baronin aufmerksam und meint die geheimnisvolle Unbekannte der Ballgesellschaft wiedergefunden zu haben. Als Arzt ist es ihm möglich, den Leichnam in der Pathologie zu untersuchen, eine eindeutige Identifikation gelingt ihm jedoch nicht.

Nach Hause zurückgekehrt, findet er die Maske, die er am Vorabend auf dem Ball getragen hat, auf seinem Kissen vor. In dem Bewusstsein, dass Albertine ihn durchschaut hat, entschließt sich Fridolin, seiner Frau von seinen Erlebnissen zu erzählen. Das Geständnis führt zu einer erneuten Annäherung des Paares. Die Ehekrise scheint zunächst überwunden, die Zukunft von Albertine und Fridolin bleibt jedoch ungewiss.

Die Personenkonstellation

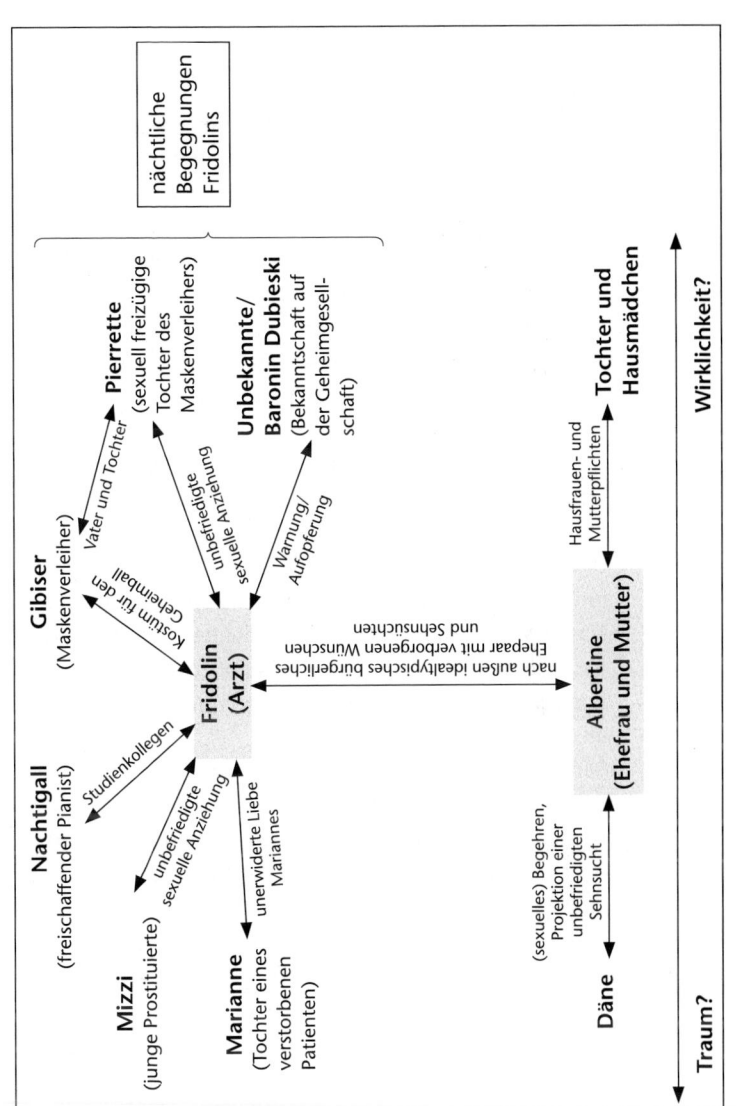

Inhalt, Aufbau und erste Deutungsansätze

Kapitel 1

Ausgangs-
situation der
Novelle

In der ersten Szene der Novelle wirft der Leser einen kurzen Blick auf Albertines und Fridolins bürgerliches Leben als liebende Eltern einer kleinen Tochter. Kurz vor dem Schlafengehen liest das Mädchen seinen Eltern eine arabisch anmutende Erzählung vor. Die in den ersten Sätzen anklingenden märchenhaften Motive (vgl. S. 7, Z. 1 ff.) deuten von Beginn an darauf hin, dass neben der konkreten Wirklichkeit auch weitere Abstufungen von Realität existieren, und schaffen in diesem Zusammenhang eine traumähnliche Atmosphäre. Darüber hinaus verweist die Erzählung der Tochter auf den späteren Wendepunkt der Novelle, nämlich Albertines Traum, in dem die Hauptfiguren ebenfalls als arabisch anmutender Prinz und arabisch anmutende Prinzessin auftauchen. Die Leitmotive „Märchen" und „Traum" werden somit bereits auf der ersten Seite der Novelle eingeführt.

Nachdem das Hausmädchen die Tochter zu Bett gebracht hat, nehmen Albertine und Fridolin ihr zuvor offensichtlich unterbrochenes Gespräch über einen gemeinsamen Ballbesuch am Vorabend wieder auf.

Fridolin und Albertine haben voneinander getrennt Begegnungen mit unbekannten Ballgästen gemacht, die auf sie zunächst einen gewissen Reiz ausgeübt haben, der sich jedoch schnell wieder verflüchtigt hat. Mit zunehmend distanzierter Haltung zum Ballgeschehen haben Albertine und Fridolin wieder verstärkt zueinander gefunden. Wie frisch Verliebte haben die beiden die Veranstaltung verlassen, sind nach Hause geeilt und sind sich daheim „zu einem schon lange Zeit nicht mehr so heiß erlebten Liebesglück in die Arme" (S. 8, Z. 27 f.) gesunken.

Die beiden Hauptfiguren werden in diesem Zusammenhang zunächst als idealtypisches, gut situiertes Ehepaar eingeführt. Beide scheinen der klassischen Rollenverteilung der Zeit zwischen Mann und Frau zu entsprechen. Fridolin ernährt seine Familie als Arzt und Albertine widmet sich ihren Hausfrauen- und Mutterpflichten. Die verbindende Wirkung der Ereignisse auf dem Ball vermittelt zunächst den Eindruck einer oberflächlich intakten Ehe und verweist somit auf das Ende der Novelle: Trotz einer Vielzahl erotischer Verwicklungen wird es letztendlich zu keiner wirklichen Gefährdung der Ehe kommen. Ferner wird hier bereits der Maskenball als wiederkehrender Handlungsraum mit erotischer Wirkung eingeführt.

Albertine und Fridolin als nach außen idealtypisches bürgerliches Ehepaar

Für die weiteren Ereignisse der Erzählung erfüllt das Gespräch über den Maskenball jedoch auch die Funktion eines auslösenden Moments. Die beiden Hauptfiguren gestehen sich gegenseitig im Folgenden in Form von drei nur lose verbundenen Erzählungen ihre geheimen, außerehelichen Sehnsüchte und Fantasien.

Geständnisse über geheime Sehnsüchte:

Als Erste ergreift Albertine die Initiative und berichtet ihrem Ehemann von einer flüchtigen Begegnung mit einem jungen Mann in ihrem letzten gemeinsamen Sommerurlaub in Dänemark.

Begegnung Albertines mit einem jungen Offizier

Ein kurzer Blickkontakt zwischen Albertine und dem Fremden im Hotel hat in ihr eine tiefe Sehnsucht entfacht. Obwohl es zu keinem weiteren Kontakt oder gar Gespräch

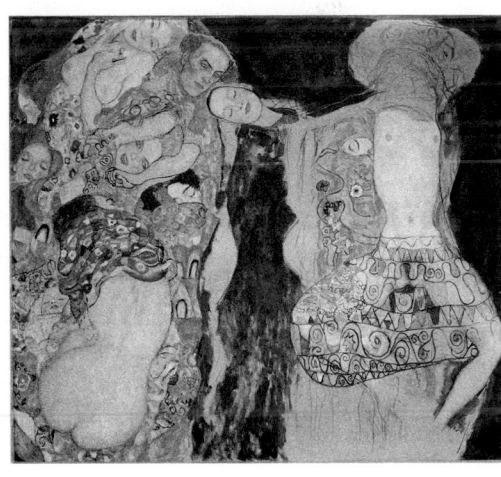

Gustav Klimt: Die Braut (Bild unvollendet, 1918)

zwischen Albertine und dem Offizier gekommen ist, hat sie eine intensive, nahezu unwiderstehliche Anziehungskraft verspürt: „Wenn er mich riefe – so meinte ich zu wissen –, ich hätte nicht widerstehen können." (S. 10, Z. 13ff.)

Begegnung Fridolins mit einem Mädchen am Strand

Analog dazu gesteht Fridolin in einer zweiten Erzählung seine Begegnung mit einem jungen Mädchen auf einem Morgenspaziergang an einer abgelegenen Badehütte. Auch hier ist es lediglich zu einem Blickkontakt gekommen, nicht zu einem Gespräch oder weiteren Treffen.

Hinter der äußeren bürgerlichen Fassade einer idealtypischen Ehe offenbart sich somit schon in den ersten beiden Erzählungen eine tiefere Wahrheit über die unausgesprochenen Bedürfnisse und ungestillten Sehnsüchte zwischen den Hauptfiguren. Die Grenzen zwischen Wirklichkeit und Fantasie, zwischen Tag und Traum beginnen bereits hier zu verschwimmen. Diese Möglichkeit der Interpretation stützt sich auch auf den in den Geschichten angelegten Verweis auf den weiteren Verlauf der Handlung: So taucht „Dänemark" als Ort des gemeinsamen Sommerurlaubs wieder als Parole für den Einlass in die Geheimgesellschaft auf. Ferner wird in den beiden Passagen mit der Macht der Blicke, des Schauens und des Gesehenwerdens ein Leitmotiv eingeführt, das im Zusammenspiel etwa mit dem Motiv der Maske den weiteren Verlauf der Handlung mitbestimmen wird.

Sehnsüchte Albertines als junge Frau

Nur scheinbar versöhnlich ist die dritte Episode dieser gegenseitigen Geständnisse angelegt. Albertine offenbart Fridolin, dass sie bereits vor ihrer Hochzeit als 16-Jährige das Bedürfnis verspürt habe, mit ihm geschlechtlich zu verkehren. Was aus der Sicht der Ehefrau als Kompliment und Zeichen der hohen Attraktivität gemeint ist, löst bei Fridolin Skepsis über die Sexualmoral und die Treue seiner Frau aus. Es offenbart sich somit in der letzten Erzählung ein handlungsleitender Grundkonflikt der Novelle: Die unbe-

Fridolin und Albertine (Staatstheater Mainz 2010)

friedigten Bedürfnisse der Eheleute führen insbesondere bei Fridolin zu Eifersucht auf die außerehelichen Fantasien seiner Frau und in der Konsequenz zu Rachegedanken. Die gegenseitigen Geständnisse werden unterbrochen, als der Ehemann in seiner Funktion als Arzt in einem dringenden Fall zu einem seiner Patienten gerufen wird.

Zusammenfassend lässt sich somit festhalten, dass das erste Kapitel bereits in die wesentlichen Aspekte der Novelle einführt: Albertine und Fridolin, ein nach außen idealtypisches bürgerliches Ehepaar, hegen geheime Sehnsüchte und Träume. Die gegenseitigen Geständnisse dieser Wünsche münden insbesondere bei dem Ehemann in Misstrauen, Eifersucht und Rachegedanken, verstößt in seinen Augen doch seine Ehefrau gegen das traditionelle Rollen- bzw. Moralverständnis der damaligen Zeit. Insofern erfüllt das Kapitel die Funktion einer Exposition, d. h. einer Einleitung, in der die Hauptfiguren, die zentralen Konflikte sowie die Leitmotive eines literarischen Textes das erste Mal anklingen.

Funktion des ersten Kapitels: Exposition

Grundkonflikt der Novelle in der Exposition

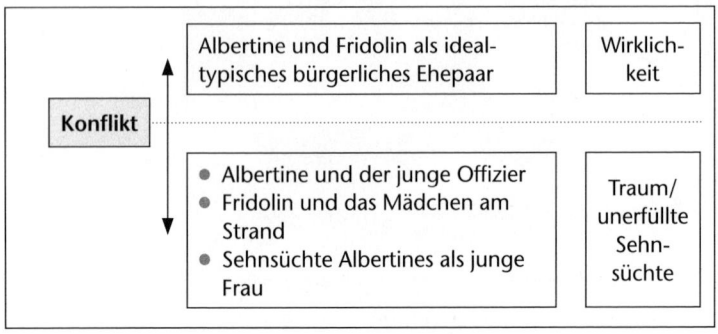

	Albertine und Fridolin als ideal-typisches bürgerliches Ehepaar	Wirklich-keit
Konflikt	• Albertine und der junge Offizier • Fridolin und das Mädchen am Strand • Sehnsüchte Albertines als junge Frau	Traum/unerfüllte Sehn-süchte

Kapitel 2

Charakterisie-rung Mariannes

Als Fridolin im Haus des Hofrats ankommt, ist dieser bereits verstorben. Er trifft die Tochter des Hauses, Marianne, an. Sie wird als ehemals hübsche, durch die lange Krankenpflege ihres Vaters und harte Arbeit jedoch gezeichnete junge Frau im heiratsfähigen Alter dargestellt: „Ihr Haar war reich und blond, aber trocken, der Hals wohlgeformt und schlank, doch nicht ganz faltenlos und von gelblicher Tönung, und die Lippen wie von vielen ungesagten Worten schmal." (S. 16, Z. 32ff.) Ferner nimmt Fridolin den Geruch des Wohnzimmers des Toten und Mariannes wahr: „Es roch nach alten Möbeln, Medikamenten, Petroleum, Küche; auch ein wenig nach Kölnisch Wasser und Rosenseife, und irgendwie spürte Fridolin auch den süßlich faden Geruch dieses blassen Mädchens [...]." (S. 16, Z. 14 ff.) Diese einleitende Textpassage erfüllt somit unterschiedliche Funktionen: Zum einen wird – neben dem bereits angesprochenen Aspekt des Schauens – mit dem Geruch ein weiteres strukturierendes, die Anziehungskraft unterschiedlicher Menschen charakterisierendes Leitmotiv eingeführt. Das durchaus ambivalente Verhältnis Fridolins zu Marianne deutet sich ebenfalls an. Verstärkt wird der hoffnungslose und triste Eindruck der Beziehung der beiden dabei durch die Verknüpfung des Liebesgeständnisses der jungen Frau mit den Motiven „Krankheit" und „Tod" im Zusammenhang mit dem gerade verstorbenen Hofrat. Der Leser wird darüber hinaus zu Beginn des Kapitels durch die detailreiche Schilderung in die Lage versetzt, in die Atmosphäre des Raumes einzutauchen.

Auch im weiteren Verlauf des Kapitels bleiben die Reaktionen Fridolins auf Marianne uneindeutig: Er macht sich Gedanken darüber, wie sie aussähe, wenn sie seine Geliebte wäre (vgl. S. 17, Z. 18 ff.), und stellt Überlegungen an, welche Motive hinter ihrer geplanten Hochzeit mit dem Universitätsdozenten Doktor Roediger stehen könnten. Auf die wiederholten Liebesgeständnisse Mariannes reagiert Fridolin mit einer Mischung aus Zärtlichkeit und Distanz. In Erinnerung an das vorangegangene Gespräch mit seiner Frau verspürt er „Bitterkeit" und „Groll" (S. 20, Z. 23 f.) und zieht Marianne, wie um sich an Albertine zu rächen, in einer Umarmung „fester an sich", ohne jedoch die geringste Erregung zu verspüren (vgl. S. 20, Z. 25 ff.). Das Läuten der Türglocke bzw. die Ankunft Doktor Roedigers beendet die Umarmung und kommt Fridolin wie eine Erlösung vor (vgl. S. 20, Z. 29 ff.).

Fridolin nimmt in dem Textabschnitt insgesamt eine sehr männliche Rolle ein, Marianne spiegelt dabei seine Attraktivität. Er erscheint als ein „Verführer wider Willen", d. h. als ein Mann, der die Zuneigung einer ihm ergebenen Frau genießt, ohne jedoch ein echtes Interesse zu zeigen. Der Grund für sein Verhalten liegt dabei offensichtlich in der gekränkten Eitelkeit im Zusammenhang mit den Geständnissen seiner Frau Albertine.

Die Tochter des verstorbenen Hofrates erscheint dagegen als eine typische Vertreterin eines Lebens ohne wirkliche Befriedigung der eigenen Bedürfnisse. Ihr Wunsch nach einer Liebesbeziehung mit Fridolin bleibt unerwidert, die

Nebeneinander von Ablehnung und Begehren aufseiten Fridolins

Funktionen des Kapitels

Wahl ihres Ehepartners Dr. Roediger erfolgt aus rationalen Gründen. Andererseits trägt sie im Sinne der emanzipatorischen Bestrebungen Albertines ihre Sehnsüchte und Wünsche durchaus selbstbewusst vor. Die Begegnung mit Marianne eröffnet damit eine Reihe weiterer Begegnungen Fridolins mit unterschiedlichsten, ihre Bedürfnisse in gewissen Grenzen immer klarer formulierenden Frauen, die seine unterdrückten sexuellen Träume und Wünsche spiegeln.

Verhältnis zwischen Marianne und Fridolin

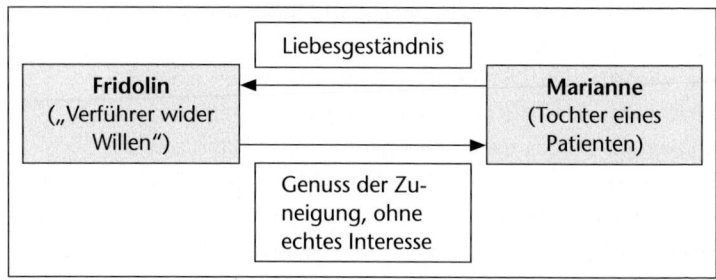

Kapitel 3

Begegnungen im Park

Nachdem Fridolin das Haus des verstorbenen Hofrats verlassen hat, verspürt er eine „merkwürdige Unlust, sich nach Hause zu begeben" (S. 22, Z. 4f.). Er beschließt, noch vor dem Schlafengehen ein Kaffeehaus in der Nähe seiner Wohnung aufzusuchen. Auf seinem nächtlichen Weg durch den Rathauspark begegnen ihm eng umschlungene Liebespaare und ein auf einer Parkbank liegender Obdachloser. Für einen kurzen Moment spielt er mit dem Gedanken, dem Bettler mit einem Geldgeschenk zu helfen, entscheidet sich jedoch aus Sorge vor der weiteren Verantwortung bzw. möglichen disziplinarischen Konsequenzen dagegen und verlässt fluchtartig die Szenerie.

Die Gedanken an den verstorbenen Hofrat, sein eigenes, noch junges Alter und seine soziale Stellung verhelfen ihm zu einem kurzzeitigen Hochgefühl. Dabei wird deutlich, dass Fridolin ganz im Sinne des patriarchalischen Herrschaftsanspruchs in der damaligen Zeit die Erfüllung seiner sexuellen Bedürfnisse für sich als Mann als selbstverständlich ansieht („dass er noch mitten in seiner Jugend stand, eine reizende und liebenswerte Frau zu eigen hatte und auch noch eine oder mehrere dazu haben konnte, wenn es ihm gerade beliebte", S. 22, Z. 35 ff.). Die Erinnerung an seine beruflichen Pflichten am folgenden Arbeitstag reißt ihn schließlich aus seinen nächtlichen Träumerein. Fridolin zeigt sich somit in den ersten Szenen des Kapitels erneut hin- und hergerissen zwischen seinen sexuellen Bedürfnissen und seinen alltäglichen Verpflichtungen. Darüber hinaus verdeutlichen insbesondere die Begegnungen im Park einen Mangel an Courage, der im weiteren Verlauf immer klarere Züge annimmt.

In diesem Zusammenhang steht auch die folgende Szene: Auf seinem Weg durch das nächtliche Wien trifft Fridolin auf eine Gruppe von Verbindungsstudenten. Einer der Jugendlichen rempelt ihn bewusst an, um ihn offensichtlich zu provozieren und zu einem Duell herauszufordern. Fridolin verspürt „ein sonderbares Herzklopfen" (S. 24, Z. 5 f.). Aus Angst vor den möglichen Konsequenzen setzt er sich schließlich lieber dem Spott der Studenten aus, als Genugtuung zu fordern, und geht weiter.

Begegnung mit einer Gruppe von Studenten

Nach den Begegnungen mit Marianne sowie den Liebespaaren und dem Obdachlosen im Park stellt die Begegnung mit den Studenten den vorläufigen Höhepunkt verschiedener, sich in ihrer Fremdheit und Bedrohlichkeit steigernder Konstellationen dar. Auch hier zeichnet sich Fridolin durch einen offensichtlichen Mangel an Courage aus. Seine Gefühle im Zusammenhang mit der nächtlichen Auseinandersetzung werden dabei noch gleichgesetzt mit seiner Erinnerung an eine durch ein Türklopfen gestörte sexuelle Begegnung mit einem Mädchen in seiner Jugend. Diese Gleichsetzung stellt eine Verbindung zwischen der Reaktion Fridolins auf die seine Existenz bedrohende Provokation durch die Studenten und seinen den (Ehe-)Alltag bedrohenden sexuellen Bedürfnissen her und verdeutlicht somit noch einmal den inneren Konflikt Fridolins, der auch im weiteren Verlauf der Handlung immer wieder hin- und hergerissen erscheint zwischen den gesellschaftlichen Konventionen bzw. Werten und Normen und seinen Trieben bzw. seiner Selbstwahrnehmung.

Begegnung mit
der Prostituierten
Mizzi
Auf seinem weiteren Weg durch das nächtliche Wien trifft Fridolin schließlich auf die Prostituierte Mizzi. Er lässt sich von ihr ansprechen und folgt ihr zögerlich in ihr Zimmer, wobei er sich über seine eigentlichen Beweggründe nicht unbedingt im Klaren zu sein scheint: „Bin ich verrückt?, fragte er sich. Ich werde sie natürlich nicht anrühren." (S. 26, Z. 17 ff.) Das Mädchen erscheint mit ihrem charakteristischen „Kosenamen" als typische Vertreterin für die käufliche Liebe und verdeutlicht die Normalität der rein sexuellen Bedürfnisbefriedigung der Männer in bestimmten gut situierten Gesellschaftskreisen: „‚Ich kenn Ihnen nicht', sagte sie, ‚aber in dem Bezirk sind ja alle Doktors.'" (S. 25, Z. 38 f.) Sie ist mit ihren 17 Jahren noch ein „ganz junges Geschöpf" (S. 25, Z. 30 f.) von zierlichem Körperbau, blass, mit natürlich roten Lippen.

Nebeneinander
von Ablehnung
und Begehren
aufseiten
Fridolins
Fridolin verhält sich ihr gegenüber erneut mit einer Mischung aus Distanz und Zuneigung. Auf der einen Seite lehnt er die sexuellen Angebote der Prostituierten aus Angst vor einer ansteckenden Krankheit ab und gibt sich zunächst zugeknöpft. Auf der anderen Seite macht er dem Mädchen jedoch Komplimente, nimmt den angenehmen Geruch in der Wohnung Mizzis positiv wahr (vgl. S. 26, Z. 22 f.) und findet in ihrer Umarmung „viel tröstende Zärtlichkeit" (S. 27, Z. 6 f.). Als das Mädchen ihrerseits die

Annäherungsversuche Fridolins ablehnt, um ihren Gast vor einer ansteckenden Krankheit zu schützen, wirbt er im Stil eines Galans (Kavaliers) verstärkt um sie. Mizzi bleibt jedoch standhaft, lehnt die Geldangebote ab und fordert ihn auf zu gehen. Fridolin verabschiedet sich mit einem Handkuss als Zeichen seiner Hochachtung und nimmt sich vor, am nächsten Morgen Pralinen und Wein zu schicken, wertet das Mädchen jedoch wenig später wieder ab, indem er sie als „liebe[s] arme[s] Ding" bezeichnet (S. 28, Z. 3).

Mizzi tritt als eine junge Frau auf, die auf der einen Seite die sexuellen Sehnsüchte der Männer befriedigt und somit ihre eigenen Bedürfnisse im Leben zurückstellt, auf der anderen Seite jedoch auch in gewissen Grenzen selbstbestimmt und selbstbewusst ihren eigenen Standpunkt vertritt und durchsetzt. Vergleicht man sie mit Marianne, übt sie auf Fridolin sicherlich einen höheren Reiz aus, erscheint jedoch auch weniger individuell. Der Leser erfährt sehr wenig über den persönlichen Hintergrund der Frauenfigur, sie wirkt typisiert, ohne wirkliche Identität. Darüber hinaus wird auch wieder das Leitmotiv „Krankheit" mit dem sexuellen Begehren Fridolins verknüpft und damit eine negative Wertung der Situation vorgenommen. Die Gefährlichkeit des Auslebens der sexuellen Triebe außerhalb der Ehe wird somit unterstrichen.

Fridolin nimmt erneut eine sehr männliche Rolle ein, nämlich die eines Verführers bzw. Galans. Auf der anderen Seite zeigt er jedoch Frauen gegenüber, die seinem Rollenverständnis nicht entsprechen, erneut eine gewisse Mutlosigkeit bzw. Feigheit. Auch hier kommt es nicht zum Beischlaf, seine sexuellen Bedürfnisse, die sein Eheleben bedrohen könnten, werden bewusst nicht ausgelebt. Diese Begegnung verweist somit ebenfalls auf den weiteren Verlauf der Handlung bzw. auf das versöhnliche Ende der Novelle.

<aside>Funktion der Begegnung mit Mizzi</aside>

Verhältnis zwischen Mizzi und Fridolin

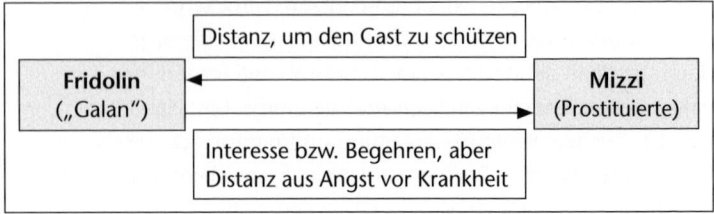

Kapitel 4

Ankunft im Kaffeehaus/ Zeitungsmeldungen

Nachdem Fridolin die Wohnung von Mizzi verlassen hat, führt ihn sein Weg durch das nächtliche Wien zu seinem angestrebten Ziel. Er betritt ein Kaffeehaus „niederen Ranges" (S. 28, Z. 16 f.), setzt sich an einen Tisch in einer Ecke des Lokals und liest in den Zeitungen, die ihm der Kellner gebracht hat. Sein Blick fällt dabei u. a. auf die Geschichte einer Prostituierten, die auf ihre Freundin aus Eifersucht ein Säureattentat verübt hat, und die Meldung eines Selbstmords eines jungen Mädchens, das sich offensichtlich vergiftet hat. Die Leitmotive „Krankheit" und „Tod" verweisen auch hier wieder auf Begegnungen Fridolins mit Frauen, nämlich mit der Prostituierten Mizzi und der geheimnisvollen Unbekannten, die er noch im Zusammenhang mit der Geheimgesellschaft kennenlernen wird und die offensichtlich ebenfalls unter mysteriösen Umständen stirbt. Die kurze Szene verweist erneut auf die Gefährlichkeit des Auslebens der sexuellen Triebe außerhalb der Ehe.

Charakterisierung Nachtigalls

In dem Kaffeehaus trifft Fridolin überraschend auf Nachtigall, einen alten Bekannten aus seiner Studienzeit. Die beiden haben sich seit langem nicht mehr gesehen und berichten über ihr Leben. Der Pole Nachtigall mit jüdischer Abstammung erscheint dabei als ein Kosmopolit (Weltbürger, der den ganzen Erdkreis als Heimat betrachtet, der keinen wirklichen Halt im Leben hat): Er ist musikalisch und medizinisch gebildet, ohne jedoch seine Studien in Wien abgeschlossen zu haben. Mit finanzieller Unterstützung seiner Kommilitonen hält er sich über Wasser. Zweitklassige Engagements als Pianist führen ihn durch Polen, Rumänien, Bulgarien und Serbien, wobei sein musikalisches Weiterkommen offensichtlich häufig an seinem unflätigen Verhalten scheitert. Er ist verheiratet und hat vier Kinder, lebt jedoch räumlich von seiner Familie getrennt. Seinem unsteten Lebenswandel entspricht sein äußeres Auftreten: Seine Kleidung wirkt etwas ungepflegt und abgegriffen (vgl. S. 29, Z. 19 ff.), seine Augen strahlen jedoch „heiter" (S. 29, Z. 30) und er lacht viel.

Nachtigall erscheint als Lebenskünstler (ohne örtliche und berufliche Beständigkeit). Er trägt die Züge des Typus einer der literarischen Lieblingsfiguren der Jahrhundertwende, des sogenannten Dilettanten. Unter Dilettantismus versteht man eine Geisteshaltung, die sich ständig neuen Lebensformen oder -orten zuwendet, ohne sich mit einer völlig zu identifizieren. In diesem Zusammenhang kann man auch auf die Namensgebung des Musikers verweisen: Nachtigallen sind Zugvögel, deren schöner Gesang zum Anlocken der Weibchen dient. In der Literatur wird die Nachtigall auch häufig als Symbol für die Liebe verwendet. Der ehemalige Studienfreund eröffnet Fridolin in diesem Zusammenhang die konkrete Möglichkeit, seine sexuellen Wünsche auszuleben bzw. die vermeintliche Kränkung durch seine Frau auszugleichen.

Er erzählt seinem Freund von geheimen Ballgesellschaften, die in stets wechselnden Privathäusern stattfinden und auf denen er mit verbundenen Augen musiziert. Durch das schwarze Seidentuch über seinen Augen kann er nackte Frauen erkennen, weitere Aktivitäten auf dem Ball bleiben ihm verschlossen. Der Eintritt in die geschlossene Gesellschaft ist nur mit einer Parole möglich, die ausschließlich geladenen Gästen bekannt ist und Nachtigall immer erst

Nachtigalls Bericht von der Ballgesellschaft

auf der Hinfahrt von dem Kutscher genannt wird, der ihn abholt. Ferner sind alle Teilnehmer kostümiert und maskiert. Nachdem er ihn zuvor mit seinen Andeutungen neugierig gemacht hat, versucht Nachtigall nun vergeblich, Fridolin von dem Besuch des Balls der geheimen Gesellschaft abzuhalten. Angetrieben durch eine sonderbare Erregung (vgl. S. 35, Z. 20), die Verlockungen der Gefahr **Plan Fridolins** (vgl. S. 36, Z. 13f.) sowie Wissbegierde fasst Fridolin einen Plan: Er will trotz der späten Stunde versuchen, bei einem ihm bekannten Maskenverleih ein Kostüm zu bekommen. In demselben Haus befindet sich ein Café, in dem Nachtigall unter einem Vorwand auf seinem Weg zum Ball einen Halt einlegen soll, um Fridolin die Parole zu verraten. Fridolin will sodann dem Wagen Nachtigalls mit einer eigenen Kutsche folgen und sich auf eigenes Risiko Einlass zu der Ballgesellschaft verschaffen (vgl. S. 36, Z. 18ff.). Widerwillig stimmt Nachtigall dem Plan zu.

Maskenverleih Fridolin trifft den Maskenverleiher Gibiser tatsächlich zu so später Stunde in seinem Laden an. „[A]ls hätte er an der Türe gewartet" (S. 37, Z. 17f.), öffnet der Geschäftsmann und führt den Arzt über eine Wendeltreppe in seinen Lagerraum. Das Magazin erscheint dabei alptraumhaft.

Venezianische Masken

Durch das Spiel von Licht und Dunkelheit sowie durch die Vielzahl der aufgereiht hängenden Kostüme assoziiert Fridolin mit dem Magazin „eine Allee von Gehängten [...], die im Begriffe wären, sich gegenseitig zum Tanz aufzufordern" (S. 37, Z. 37 ff.). Hier klingt das literarische Motiv des Totentanzes an, das die Macht des Todes über das Leben symbolisiert. Somit wird auch in diesem Zusammenhang wieder eine Beziehung zwischen dem Leitmotiv „Tod" und der bevorstehenden geheimnisvollen Tanzveranstaltung hergestellt und erneut auf die Gefährlichkeit des Auslebens der sexuellen Triebe außerhalb der Ehe verwiesen.

Fridolin bittet um eine dunkle Mönchskutte und eine schwarze Maske, als ein lautes Klirren das Geschäftsgespräch der beiden Männer jäh unterbricht. Am anderen Ende des Lagerraums entdeckt Gibiser seine Tochter mit zwei als Femrichter (Richter, die Todesstrafen aussprechen durften) verkleideten und rote Amtsgewänder tragenden Männern, die mit einem französischen Akzent sprechen. Wutentbrannt versucht der Maskenverleiher das Mädchen zu ergreifen, das sich jedoch in die Arme Fridolins flüchtet. Rolle Pierrettes

Die Tochter des Maskenverleihers wird als ein „ganz junges Mädchen, fast noch ein Kind, im Pierrettenkostüm mit weißen Seidenstrümpfen" (S. 38, Z.20 ff.) und mit einem kleinen, schmalen, blass geschminkten Gesicht und schelmisch leuchtenden Augen (vgl. S. 38, Z. 28 ff.) beschrieben. Von ihren „zarten Brüsten stieg ein Duft von Rosen und Puder auf" (S. 38, Z. 30 f.). Pierrette lässt sich somit nahtlos in die Reihe der bisherigen nächtlichen Frauenbekanntschaften Fridolins einreihen. Sie zeigt einen durchaus enthemmten, selbstbewussten und unbefangenen Umgang mit der Sexualität, was seine Wirkung auf Fridolin nicht verfehlt. Darüber hinaus zeichnet auch diese Frauenfigur einen fortschreitenden Verlust an Identität bzw. Individualität aus. Die Tochter Gibisers tritt so nur unter der

Bezeichnung ihrer Kostümierung auf, nicht unter einem Eigennamen. Ihre Maskierung verweist auf die folgenden Ereignisse des geheimen Balls.

Gibiser bezeichnet seine Tochter als geisteskrank („wahnsinnig[es] [...] verworfenes Geschöpf", S. 40, Z. 37ff.), droht den beiden verkleideten Herren mit der Polizei und hindert sie daran, seinen Maskenverleih zu verlassen. Pierrette bringt er in ihre privaten Gemächer im oberen Stockwerk und befiehlt ihr, dort auf ihn zu warten. Dann widmet er sich wieder Fridolin, bietet ihm eine passende schwarze Kutte, einen Pilgerhut und eine Maske an und drängt seinen Kunden, sein Geschäft zu verlassen, ohne auf die Bezahlung und die Rückgabe des Kostüms zu bestehen.

Rolle Fridolins Fridolin nimmt in diesem Zusammenhang die Rolle des Retters und Beschützers Pierrettes ein. Männlich stellt er sich dem Maskenverleiher entgegen und versucht, eine mögliche Bestrafung bzw. Gefährdung der Tochter durch ihren Vater zu verhindern. Als Arzt bietet er an, sich um das junge Mädchen am Folgetag zu kümmern. Der Maskenverleiher lehnt jedoch die Hilfeangebote Fridolins bezüglich seiner Tochter ab und lässt ihn im Treppenhaus ratlos zurück.

Rolle Gibisers Das Verhalten Gibisers entspricht somit weder den Erwartungen an einen Geschäftsmann noch denen an einen Vater: Er öffnet sein Geschäft bei Nacht, ist nicht an Geld oder der Rückgabe des Kostüms interessiert, bezeichnet seine Tochter als geisteskrank und verhält sich ihr gegenüber lieblos bzw. aggressiv. Der Maskenverleiher spricht und bewegt sich wie „auf dem Theater" (S. 37, Z. 20) inmitten von Kostümen und verkleideten Gestalten.

Grenzbereich zwischen Wirklichkeit und Fantasiewelt Das Geschäft erscheint somit als ein Grenzbereich zwischen Traum und Wirklichkeit. Die Figuren, die Handlung sowie die Räumlichkeiten machen einen unwirklichen Eindruck.

Verhältnis zwischen Pierrette und Fridolin

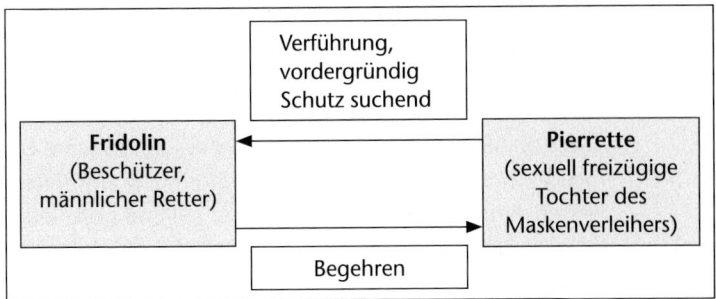

Fridolin trifft in dem Café im Haus des Maskenverleihers wieder auf Nachtigall, der keineswegs erfreut zu sein scheint, dass sein Freund pünktlich zu ihrer Verabredung erschienen ist. Er teilt Fridolin widerwillig das Codewort mit, das für den Einlass in die Geheimgesellschaft notwendig ist. Es lautet „Dänemark" und stellt eine Verbindung zwischen dem Ball und den Sehnsüchten und Wünschen Fridolins und Albertines in ihrem letzten Sommerurlaub her, deren Geständnis Ausgangspunkt für die bisherigen Verwicklungen gewesen ist. Es wird deutlich, dass Fridolin erotische Abenteuer bevorstehen. Er gerät keineswegs zufällig in die Geheimgesellschaft, die Geschehnisse nehmen schicksalhafte Züge an.

Fridolin folgt in einer Mietkutsche dem schwarzen Wagen, in dem Nachtigall sitzt. Die Fahrt zu der geheimen Ballgesellschaft führt die beiden zunächst auf den am Stadtrand gelegenen Galitzinberg. Fridolin erkennt rückwärtsgewandt aus dem Fenster seiner Kutsche die Lichter Wiens, bevor die Wagen „in die Schlucht hinab oder in das Dunkel, das [Fridolin] so erschien" (S. 43, Z. 9 f.), fahren und dort ihr Ziel, eine Villa, erreichen.

Die Beschreibung der Fahrt ist in diesem Zusammenhang metaphorisch zu verstehen. Fridolin verlässt mehr und mehr die ihm bekannte Umgebung, d. h. seine gewohnte

Geheimgesellschaft: Anreise

metaphorische Bedeutung der Fahrt

Realität, in der ihm Straßennamen (vgl. S. 41, Z. 35) und Erinnerungen an Stadtviertel (vgl. S. 42, Z. 17) noch vage Orientierung bieten, und taucht in eine unwirkliche bzw. traumhafte Welt ein, in der er sich immer weniger zurechtfindet („Wo bin ich nun eigentlich?", S. 42, Z. 13). Die Stadt als Sinnbild für Fridolins alltägliches bürgerliches Leben und seine Ehe mit Albertine liegt nun „in der Tiefe", verschwimmt im Dunst (vgl. S. 42, Z. 18) und gerät letztendlich durch die Fahrt völlig aus dem Blickfeld. In Anlehnung an die Lehren Sigmund Freuds kann die Fahrt symbolisch für Fridolins Weg in sein Unbewusstes bzw. zu seinen verborgenen sexuellen Wünschen und Träumen gedeutet werden.

Nur für kurze Zeit erfüllt Fridolin noch eine Sehnsucht nach seinem bürgerlichen Leben. Das Anlegen der Maske erinnert ihn an das Anziehen seines Arztkittels. Sein beruflicher Alltag erscheint ihm dabei wie „etwas [...] Erlösendes" (S. 42, Z. 29 f.). Diese Wehmut nach der Realität ist jedoch nur von kurzer Dauer. Gedanklich rekapituliert er noch einmal seinen bisherigen nächtlichen Weg und fragt sich, zu welcher der Frauen, mit denen er an diesem Abend zusammen war, er gerne zurückkehren würde. Er empfindet dabei, insbesondere im Zusammenhang mit seiner Ehefrau, keinerlei Sehnsucht und fühlt sich so immer stärker verpflichtet, seine Fahrt fortzusetzen („Weiter meinen Weg, und wär's mein Tod", S. 43, Z. 5 f.). Die bereits in den Szenen zuvor angeklungenen Motive „Tod" und „Schicksal" werden hier noch einmal aufgegriffen.

Motive: Tod und Schicksal

Fridolin schreitet durch ein weit geöffnetes Gartentor, durchquert auf einem beleuchteten Pfad den Vorgarten und passiert ein zweiflügeliges Tor. In der Vorhalle wird er nach der Parole gefragt und erhält Einlass in einen „fast dunklen hohen Saal" (S. 43, Z. 29). Die Teilnehmer des Balles sind ausnahmslos wie Mönche und Nonnen gekleidet, es ertönen Harmoniumklänge einer altitalienischen

Kirchenmusik und ein „fremdartiger, schwüler Wohlge-
ruch" (S. 44, Z. 6) liegt in der Luft.

Die traumähnliche Atmosphäre in dieser ersten Phase des
Balles ist geprägt von vielfältigen religiösen Motiven, die
von der Hauptfigur mit allen Sinnen wahrgenommen werden: Der hohe Raum erinnert an eine Kathedrale, die Teilnehmer sind wie Geistliche gekleidet, man spielt italieni-
sche Kirchenmelodien und der Geruch erinnert an Weih-
rauch. Auf den ersten Blick erscheint der Ball somit alles
andere als ein Ort der Erfüllung erotischer Fantasien und
Sehnsüchte. Der Eindruck althergebrachter bürgerlicher
Konventionen, Normen und Werte wird durch den Einsatz
der verschiedenen Leitmotive aus den Bereichen Religion,
Geruch und Raumgestaltung gestützt. Nur ein vereinzelt
unter dem Schleier einer Nonne hervorleuchtender „blut-
roter Mund" (S. 44, Z. 11) lässt sich als erotisches oder
sinnliches Anzeichen deuten.

Atmosphäre des Balls

Fridolin erscheint bereits in dieser Anfangsphase wie eine
Art Fremdkörper auf der Ballgesellschaft. Er hat als „Einzi-
ger das Haupt bedeckt" (S. 44, Z. 1) und wird von den
übrigen Gästen intensiv beobachtet (vgl. S. 44, Z. 4 f.). In
diesem Zusammenhang spricht ihn eine hinter ihm stehen-
de, geheimnisvolle Unbekannte an und mahnt ihn, den
Ball unverzüglich zu verlassen: „Sie gehören nicht hierher.
Wenn man es entdeckte, erginge es Ihnen schlimm."
(S. 44, Z. 24 ff.) Fridolin missachtet jedoch aus einer
Mischung aus Neugier, Begierde und Stolz die Warnung
und entschließt sich zu bleiben.

In diesem Moment schlägt die Stimmung im Ballsaal um:
Es öffnen sich blendend helle Nachbarräume, die Musik
nimmt wilde, weltliche Züge an, im Ballsaal warten unbekleidete Frauen, Männer in Kavaliersuniformen stürmen
den Saal und ein hemmungsloser Tanz beginnt. Das bereits
angeklungene Motiv des Schauens und der intensiven Blicke spielt auch hier wieder eine zentrale Rolle. Fridolins

Augen irren „durstig von üppigen zu schlanken, von zarten zu prangend erblühten Gestalten" (S. 45, Z. 19 f.), er empfindet eine „fast unerträgliche Qual des Verlangens" (S. 45, Z. 24 f.). Er nimmt somit die Rolle eines Voyeurs ein, der die sexuellen Handlungen zwar lustvoll beobachtet, jedoch keine Anstalten macht, sich an den Geschehnissen zu beteiligen. Das Leitmotiv „Nacktheit" steht hier für die erotischen Sehnsüchte und Versuchungen, denen sich Fridolin ausgesetzt sieht.

bürgerliche Fassade

Die Atmosphäre in der geheimnisvollen Villa spiegelt somit den Widerstreit zwischen den bürgerlichen Konventionen und den verborgenen erotischen Wunschvorstellungen wider. Zunächst zeigt sich auf dem Ball eine nach außen untadelige Gesellschaft mit vordergründig religiös-moralischen Wertvorstellungen. Hinter der bürgerlichen Fassade offenbart sich jedoch urplötzlich ein amoralisches Rollen- und Gesellschaftsbild mit verborgenen sexuellen Träumen und Sehnsüchten. Die Schilderung der Ereignisse auf dem

Doppelmoral

Ball kann damit als ein Abbild der Doppelmoral der Gesellschaft verstanden werden.

Die Ballgesellschaft stellt jedoch keinen Raum dar, in dem Fridolin seine Träume leben kann, er bleibt von den Ereignissen ausgeschlossen: „[Er] war der Einzige, der als Mönch zurückgeblieben war, und schlich sich, einigermaßen ängstlich, in die entfernteste Ecke, wo er sich Nachtigall nahe befand, der ihm den Rücken zugewendet hatte." (S. 45, Z. 33 ff.) Gleichzeitig wird er von den Teilnehmern des Balles „scharf ins Auge gefasst" (S. 46, Z. 9). Es wird deutlich, dass Fridolin wie bei den Begegnungen mit den Frauen zuvor versucht, eine Rolle anzunehmen, die nicht zu ihm passt. Auch äußerlich bleibt er durch seine Maskierung in seinen bürgerlichen Konventionen verhaftet. Er kann seine konservativen Werte und Normen nicht „ablegen". Seine Fremdartigkeit bleibt zwangsläufig nicht unentdeckt. Fridolin wird von einer Frau offensichtlich zum

Zwecke der Überprüfung angesprochen. Nur das beherzte Eingreifen der schönen Unbekannten, die ihn schon einmal gewarnt hat, bewahrt ihn vor einer vorzeitigen Entdeckung. Eindringlich und zunehmend verzweifelt versucht sie ihn erneut davon zu überzeugen, den Ball so schnell wie möglich zu verlassen. Fridolin vermutet jedoch hinter ihrem Verhalten einen Scherz bzw. eine Strafe für ungebetene Gäste und versucht, von Lust erfasst, die Unbekannte zu demaskieren und sie davon zu überzeugen, mit ihm zu fliehen. Abwehrend berichtet sie von einem ähnlichen Fall in der Vergangenheit: Ein Mann hatte ebenfalls versucht, seiner Tanzpartnerin den Schleier vom Gesicht zu ziehen und war dafür ausgepeitscht worden. Von dem Schicksal des demaskierten junge Mädchens hat Fridolin zuvor im Kaffeehaus in der Zeitung gelesen: Sie hatte Selbstmord begangen. Das erneute Auftauchen des Todesmotivs unterstreicht auch hier noch einmal die Gefährlichkeit der Situation bzw. außerehelicher sexueller Aktivitäten.

Todesmotiv als Ausdruck der Gefahr

In diesem Moment wird die geheimnisvolle Unbekannte von einem Mann zum Tanz aufgefordert. Fridolin kann sich auch jetzt noch nicht entschließen, den Ball zu verlassen. Er fürchtet um sein Ansehen im Falle eines Rückzuges, spürt ein unbändiges Verlangen nach der schönen Unbekannten und vermutet hinter den Ereignissen eine inszenierte Mutprobe. Noch ehe er seinen Entschluss, sein Eindringen ehrenhaft selbst aufzudecken, in die Tat umsetzen kann, wird er von einem dunkel gekleideten Kavalier nach der Parole des Hauses gefragt, die sich offensichtlich von der Eingangslosung unterscheidet. Fridolin kennt die Antwort nicht und findet sich von den eben noch wild tanzenden männlichen Besuchern des Balls umringt. Die Kavaliere fordern den Eindringling barsch auf, seine Maske abzunehmen. Seine Demaskierung wäre jedoch gleichbedeutend mit einer Aufgabe seines geschützten Blickes und der Preisgabe seiner wirklichen bürgerlichen Identität, wogegen

sich Fridolin vehement weigert. Die geheimnisvolle Unbekannte betritt schließlich wieder in Nonnentracht den Saal
und bietet sich an, den Entdeckten auszulösen bzw. sich für
ihn zu opfern. Mit Gewalt und unter Protest wird Fridolin
des Festes verwiesen und aus der Stadtvilla geleitet.

Rückkehr Er wird zunächst unter Zwang in einer abgedunkelten und
verschlossenen Kutsche mit unbekanntem Ziel von der Gesellschaft weggebracht. Orientierungslos, verunsichert und
ängstlich versucht er zu verstehen, was ihm soeben wider-
fahren ist bzw. gerade widerfährt, und er deutet das Ge-
schehen auf dem Ball erneut als inszenierte Mutprobe bzw.
kindliche Komödie oder eine Orgie adliger Herren mit Edel-
prostituierten. In aufsteigender Panik versucht Fridolin
schließlich vergeblich, den Kutscher zum Anhalten zu
zwingen bzw. die verschlossenen Türen und Fenster der
Kutsche gewaltsam zu öffnen.

In diesem Moment hält der Wagen auf freiem Feld an, die
Türen öffnen sich. Fridolin springt aus der Kutsche, die sich
sofort wieder in Bewegung setzt. So zurückgelassen entschließt er sich, zu Fuß in die Stadt zu gelangen. Sein Weg
führt ihn dabei über ein verschneites Feld, ein schmales,
fast unbeleuchtetes Gässchen, eine von vereinzelten Wohn-
häusern gesäumte, breitere Gasse, dann zu einer Landstra-
ße und schließlich zu einer ihm bekannten Straße, die sich
nicht weit von seinem Zuhause zu befinden scheint. Die

Rückkehr in die
bürgerliche
Ordnung
Beschreibung der Rückkehr in die Stadt kann als Sinnbild
für seine Rückkehr in den bürgerlichen Alltag gedeutet
werden.

Von einer unwirklichen und traumhaften Umgebung des
Balls, in der sich Fridolin nicht zurechtfindet und die er ra-
tional nicht erfassen kann, nähert er sich mehr und mehr
seiner gewohnten Alltagsrealität, die ihm Orientierung und
Halt gibt. Diese Deutung wird ebenfalls durch die Beschreibung der Lichtverhältnisse gestützt: Zunächst gibt es nur
durch die Reflektion des Schnees ein wenig Licht, dann

werden trüb flackernde Laternen und das fast unbeleuchtete Gässchen geschildert, bis schließlich der Lichtstrahl einer Laterne Orientierung bietet. Auch die Menschen, denen Fridolin auf seinem Weg begegnet, folgen diesem Deutungsmuster: Zunächst trifft er auf eine unheimliche Gestalt, der der noch kostümierte Fridolin ebenfalls Angst einjagt, dann trifft er auf einen ländlich gekleideten Menschen, der ihn höflich grüßt. Schließlich ist noch der Schlag einer Turmuhr zu hören, der neben der räumlichen auch noch eine zeitliche Orientierung erlaubt.

Von der geheimnisvollen, düsteren Traumwelt in der Villa nähert sich Fridolin seiner gewohnten Realität, die ihm wieder Sicherheit und Orientierung bietet.

Die Ballgesellschaft

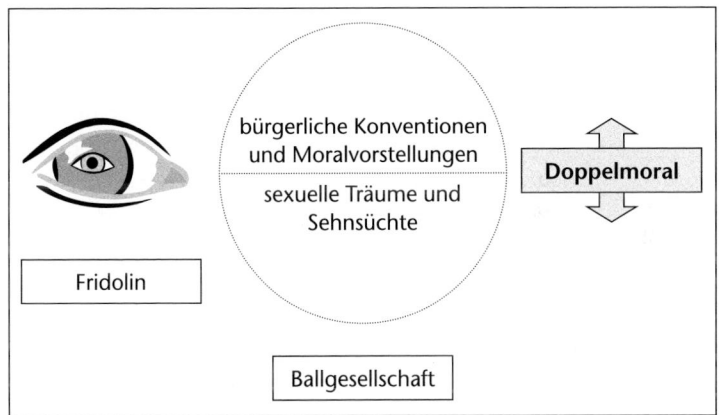

Kapitel 5

Als Fridolin am frühen Morgen nach Hause zurückkehrt, trifft er seine Frau schlafend an. Sie scheint sehr intensiv zu träumen, ihre Gesichtszüge wirken dabei fremd und verzerrt (vgl. S. 57, Z. 10 ff.) und sie lacht mehrmals „schrill

Albertines Traum

auf" (S. 57, Z. 13). Erschrocken von den Vorgängen kann Fridolin seine Frau nur unter Mühen aufwecken bzw. in die Realität zurückholen. Sie scheint in einer fremden Welt gewesen zu sein, fern von ihrem Mann und dem Alltag.

Erst nach mehrmaligen Fragen, Bitten und Aufforderungen (vgl. S. 58, Z. 23 ff.) streckt Albertine Fridolin ihre Hand entgegen, die dieser „gewohnheitsmäßig, mehr zerstreut als zärtlich" (S. 58, Z. 40 f.) umfasst, und sie beginnt zögerlich damit, ihren verstörenden Traum zu schildern.

Schnitzler ging in Anlehnung an die Lehren Sigmund Freuds davon aus, dass jedem Traum eine tieferliegende Bedeutung im Sinne des Ausdrucks von Sehnsüchten zukommt. Der Traum Albertines spiegelt somit verschiedene Stationen ihrer Beziehung mit Fridolin wider und macht in diesem Zusammenhang erneut ihre unerfüllten sexuellen Wünsche deutlich.[1]

1. Abschnitt des
Traumes:
der Weg zur
Lichtung

Albertines Schilderung des Traumes lässt sich dabei in drei Abschnitte unterteilen. Zunächst (S. 59, Z. 4 – S. 60, Z. 8) erinnert sie sich an einen Zeitpunkt, der noch vor ihrer Eheschließung mit Fridolin liegt. Im Traum findet sich Albertine in der Nacht vor der Hochzeit allein im Haus ihrer Eltern am Wörthersee wieder. Sie bemerkt, dass in ihrem Schrank statt ihres Brautkleides viele andere wertvolle Kleider und Kostüme hängen. In diesem Moment tritt Fridolin wie ein Prinz gekleidet vor das Haus. Er hebt Albertine, die nun ebenfalls wie eine Prinzessin gekleidet ist, aus dem Fenster und beide schweben bzw. fliegen über eine ihnen vertraute, neblige Landschaft. Sie erreichen schließlich eine Lichtung, die von einem Wald und einer steilen Felswand umgeben ist. Fridolin und Albertine geben sich ihrem Liebesspiel hin, ihre Zärtlichkeit erscheint ihnen jedoch „ganz

---

[1] Im Kapitel „Hintergründe" sind weitere Informationen über die Theorien Sigmund Freuds und ihre Bedeutung für die „Traumnovelle" zu finden (S. 58 ff.).

schwermütig wie mit einer Ahnung von vorbestimmtem Leid" (S. 60, Z. 7 f.).

Der erste Abschnitt des Traumes spiegelt die Zweifel Albertines gegenüber ihrer Ehe mit Fridolin wider. An die Stelle des Brautkleides als Symbol der Heirat mit Fridolin tritt eine Auswahl opulenter Kleider als Versinnbildlichung der vielen unausgelebten Möglichkeiten außerhalb der Ehe. Die Eheleute finden sich auf einer Lichtung wieder, die von allen Seiten umschlossen ist. Der Wald und die Felswand geben dem Paar dabei zum einen Schutz, zum anderen jedoch wirkt die Isolation auch bedrohlich und einschränkend. Im übertragenen Sinne bietet die Ehe Albertine Sicherheit, auf der anderen Seite reduziert sie sie jedoch auf ihre Rolle als Hausfrau und Mutter und schränkt ihre Persönlichkeit somit ein.

Im zweiten Abschnitt des Traumes (S. 60, Z. 8 – S. 61, Z. 28) erfährt der Leser/die Leserin, dass die Kleidung des Ehepaars plötzlich verschwunden ist. Die nackte Albertine erfassen „Entsetzen", „Scham" und „Zorn" (S. 60, Z. 14 ff.) von großer Intensität. Wie von einer persönlichen Schuld getrieben, eilt der unbekleidete Fridolin in die entfernte Stadt, um neue Kleidung zu kaufen. Albertine fühlt sich in diesem Moment keinesfalls verlassen oder einsam, sondern erleichtert und genießt ihr Alleinsein in vollen Zügen. Auch die Vorstellung von Fridolin, wie er verfolgt von einer heulenden Menschenmenge von Geschäft zu Geschäft hastet, um die schönsten und teuersten Dinge für seine Ehefrau zu erstehen, erfüllt sie nicht mit Sorge oder Mitleid. Da erscheint ein junger Mann auf der Lichtung, der an den Offizier aus dem gemeinsamen Sommerurlaub in Dänemark erinnert. Der Fremde nimmt wiederholt Kontakt zu Albertine auf und legt sich schließlich neben sie auf die Wiese.

Diese Station des Traumes lässt sich ebenfalls auf den Ehealltag Albertines übertragen. Das Motiv der Nacktheit ver-

2. Abschnitt des Traumes: Albertine und der Däne

sinnbildlicht die plötzliche Ungeschütztheit und Unverstelltheit des Ehepaars. Keine Kleidung oder Maskierung verbirgt mehr die verborgenen Sehnsüchte und Träume bzw. das Innerste der Figuren. Im Gegensatz zu Albertine versucht Fridolin, den alten Zustand schnell wiederherzustellen. Die materiellen Dinge, die er in der Stadt für sie erwirbt, üben offensichtlich keinerlei Reiz auf Albertine aus. Die finanzielle Sicherheit kann das Gefühl des Eingeengtseins als Ehefrau sowie der gefühlsmäßigen und sexuellen Vernachlässigung nicht aufwiegen. In diesem Sinne fühlt sich Albertine auch auf der Lichtung keineswegs verlassen, sondern ist glücklich und erleichtert, dass Fridolin nicht mehr in ihrer Nähe ist.

3. Abschnitt des Traumes: Folterung und Kreuzigung Fridolins

Im dritten Abschnitt des Traumes (S. 61, Z. 29 – S. 64, Z. 14) erfährt der Leser, dass sich Albertine mit dem Fremden und einer nicht näher zu bestimmenden Anzahl weiterer Paare zu einem unbestimmten Zeitpunkt auf einer unendlich erscheinenden Blumenwiese befindet. Das Zusammensein mit dem jungen Mann erfüllt sie mit dem Gefühl grenzenloser Freiheit und unendlichen Glücks (vgl. S. 62, Z. 9f.). Auch die Gefangennahme Fridolins, seine Folter und die Androhung, ihn zu kreuzigen, nimmt sie ohne Anteilnahme oder Mitgefühl wahr. Der Ehemann wird schließlich der Fürstin des Landes vorgeführt, die dem jungen Mädchen aus dem Urlaub in Dänemark ähnlich sieht. Die erneute Aufnahme der Sommererlebnisse verweist noch einmal auf die sexuellen Träume und Sehnsüchte Fridolins und verwischt die Grenzen zwischen Traum und Wirklichkeit. In diesem Sinne macht die Fürstin Fridolin auch das Angebot, ihn zu begnadigen, wenn er ihr Liebhaber wird. Dies lehnt er aus Treue zu Albertine sogar unter schwersten Misshandlungen mehrfach ab. Den Weg des Verurteilten zu dem auf der Blumenwiese errichteten Kreuz verfolgt Albertine in den Armen ihres jungen Geliebten ohne wirkliche Gefühlsregung bzw. aus höhnischer Distanz.

Ein letztes Mal schweben Albertine und Fridolin aufeinander zu, verfehlen sich jedoch. Bei dem Gedanken an die nun bevorstehende Kreuzigung ihres Ehemanns bricht Albertine schließlich in lautes und schrilles Gelächter aus.

Der dritte Abschnitt des Traumes zeigt somit noch einmal auf eindrückliche Weise die Entfremdung sowie den Zweifel Albertines an ihrer Ehe. Die durch das religiöse Motiv der Kreuzigung gestützte Opferbereitschaft Fridolins für seine Liebe und seine völlige Unterwerfung werden von seiner Ehefrau nicht mit Dankbarkeit, sondern mit Spott und Hohn erwidert, was ihre angestaute Aggression gegen den eigenen Partner verdeutlicht.

Albertine ist nach ihrem Geständnis offensichtlich erleichtert und glücklich (vgl. S. 64, Z. 35 ff.). Fridolin dagegen zeigt ambivalente Gefühle. Auf der einen Seite empfindet er eine unerklärliche Sehnsucht und Zärtlichkeit gegenüber seiner Ehefrau (vgl. S. 64, Z. 38 ff.), auf der anderen Seite fühlt er sich in seinem Vertrauen in die Treue Albertines betrogen und hegt Rachegedanken. In Gedanken versunken schläft er neben seiner Ehefrau ein.

Folgen des Traumes

Inhaltlich bringt der Traum auf der einen Seite Albertines Sehnsucht nach Abenteuern und sexueller Erfüllung außer-

Funktion des Traumes

Fridolin und Albertine (Staatstheater Mainz 2010)

halb ihrer einengenden, materiell abgesicherten Ehe zum Ausdruck. Sie hat unerfüllte Wünsche und Begierden, fühlt sich in ihrer Rolle als Ehefrau und Mutter unfrei und möchte die Beziehung zu Fridolin in radikaler Weise beenden. Auf der anderen Seite verdeutlicht das Kapitel jedoch auch, dass Albertine ihre Ehe noch nicht aufgegeben hat. Indem sie Fridolin ihren Traum schildert und sich ihm somit offenbart, zeigt Albertine ihrem Ehemann ihr Vertrauen. Ferner streckt Albertine, bevor sie zu erzählen beginnt, Fridolin ihre Hand entgegen, die dieser „gewohnheitsmäßig, mehr zerstreut als zärtlich" (S. 58, Z. 40 f.) umfasst. Der Körperkontakt bleibt bis zum Ende der Traumschilderung bestehen. Das immer wiederkehrende Motiv des Spiels der Hände verdeutlicht somit Albertines Zugehen auf ihren Ehemann und ihr Vertrauen, auch wenn Zweifel bestehen und ihre Ehe im Alltagstrott zu erstarren droht.

Motiv: Hände

Albertines Traum

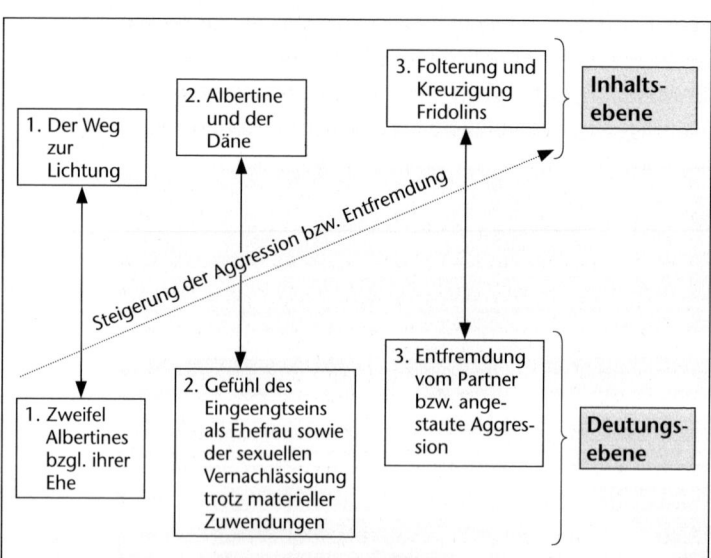

Kapitel 6

Am folgenden Morgen wird Fridolin wie gewohnt um sieben Uhr geweckt und verlässt das Haus, bevor Frau und Kind erwacht sind. Er folgt einem Tagesplan, den er „sorgfältig, ja mit einiger Pedanterie entworfen" hat (S. 65, Z. 13f.). Er möchte seinen Weg durch das nächtliche Wien noch einmal wiederholen bzw. die Orte der letzten Nacht erneut aufsuchen. Ihn treiben dabei offensichtlich unterschiedliche Motive an: Zum einen möchte Fridolin die sonderbaren Geschehnisse der letzten Nacht aufklären und die geheimnisvolle Unbekannte suchen, zum anderen plagen ihn weiterhin Rachegedanken gegenüber seiner Frau Albertine.

Fridolins Plan

Nach einem Hausbesuch bei einem schwer kranken Rechtsanwalt besorgt er sich die Adresse von Nachtigall und sucht dessen armseliges Hotel auf. Hier erfährt er vom Portier, dass sein Freund in der Nacht um 5 Uhr in Begleitung von zwei Männern angekommen sei, gepackt habe und dann mit diesen zum Nordbahnhof gefahren sei. Er habe einen sehr aufgeregten Eindruck gemacht und vergeblich versucht, eine Nachricht zu hinterlassen.

Nachtigalls Verschwinden

Fridolins nächstes Ziel ist der Maskenverleih. Nachdem er seine Mönchskutte und den Pilgerhut bei Gibiser abgegeben und seine Rechnung beglichen hat, erkundigt er sich bei dem Kostümverleiher nach dem Wohlergehen der Tochter und rät ihm, mit ihr einen Arzt aufzusuchen. In diesem Moment öffnet sich die Tür zu Pierrettes Zimmer und einer der als Femrichter verkleideten Männer der letzten Nacht betritt den Kostümverleih. Gibiser scheint sich gütlich mit dem Verehrer seiner Tochter geeinigt zu haben. Der Verdacht liegt nahe, dass er seine Tochter angehalten hat, sich zu prostituieren. Zum Abschied macht Gibiser in diesem Zusammenhang auch Fridolin ein zweideutiges Angebot: „‚Wenn der Herr Doktor wieder einen Bedarf haben sollten … Es muss ja nicht gerade ein Mönchsgewand sein.'" (S. 68, Z. 22ff.)

Gibiser und seine bürgerliche Fassade

Hat sich Fridolin in der vorangegangenen Nacht noch in der Rolle des männlichen Retters einer verlorenen Seele bzw. einer misshandelten jungen Frau gesehen, wird seine Vorstellung damit enttäuscht. Hinter der bürgerlichen Fassade entpuppt sich Pierrette als käuflich und der am Vorabend entrüstete und strenge Vater als ihr Zuhälter. Das junge Mädchen übt dabei keinerlei Attraktivität mehr auf Fridolin aus. Ihm wird zwangsläufig klar, dass er sich in einer Rolle gesehen hat, die der Wirklichkeit nicht entspricht.

negative Gefühle
gegenüber
Albertine
Verärgert verlässt er den Kostümverleih und unterbricht seine Nachforschungen, um die Poliklinik aufzusuchen. Bevor er seine Krankenvisite aufnimmt, führt er ein kurzes Telefongespräch mit seiner Frau. Der Kontakt mit Albertine ruft in ihm dabei erneut ambivalente Gefühle hervor: Ihre Stimme tut ihm auf der einen Seite gut und beruhigt ihn (vgl. S. 69, Z. 3), auf der anderen Seite glaubt er, „[i]n der Tiefe seiner Seele […] doch fertig mit ihr" (S. 69, Z. 6 f.) zu sein. Dieses negative Gefühl wird darüber hinaus noch gestützt durch die Begegnung mit einer jungen Patientin, die bei einer vorangegangenen Untersuchung „ihre Brüste so zutraulich an seine Wange gepresst" (S. 70, Z. 13) hat. Ihr Lächeln schürt bei Fridolin erneut die Wut gegen die Untreue und Leichtlebigkeit der Frauen im Allgemeinen und seiner Frau im Speziellen: „Eine wie die andere, dachte er mit Bitterkeit, und Albertine ist wie sie alle – sie ist die Schlimmste von allen. Ich werde mich von ihr trennen. Es kann nie wieder gut werden." (S. 70, Z. 15 ff.) Fridolin hat seinen Groll gegenüber seiner Frau somit noch nicht ganz überwunden, die Möglichkeit einer neuen Vertrautheit und Annäherung scheint noch nicht gegeben.

Suche nach der
geheimnisvollen
Villa
Fridolin lässt sich im Krankenhaus für den Rest des Tages vertreten und macht sich mit einer Kutsche auf den Weg zu der geheimnisvollen Villa. Antrieb für seine Suche ist dabei eine gefühlte Verpflichtung sich selbst gegenüber, den Er-

lebnissen auf den Grund zu gehen, sowie ein „Schuldbe-
wusstsein" (S. 70, Z. 33 f.) der jungen Unbekannten gegenüber, die sich auf dem Ball offensichtlich für ihn
geopfert hat. Auf der Fahrt überkommt ihn eine „schmerz-
lich-sehnsüchtige Erregung" (S. 70, Z. 32 f.), zugleich ist er
sich jedoch im Unklaren darüber, was er eigentlich tun soll,
wenn er die Villa erreicht hat. Er entschließt sich, von einer
Anzeige bei der Polizei Abstand zu nehmen, um der geheimnisvollen Unbekannten nicht noch weitere Schwierigkeiten zu bereiten. Er ist davon überzeugt, dass die Männer
auf dem Ball wahrscheinlich aus höheren Kreisen (vgl.
S. 71, Z. 9 ff.), die Damen dagegen „aus Freudenhäusern
zusammengetrieben" bzw. „ausgesuchte Ware" seien
(S. 71, Z. 12 ff.). Hier offenbart sich noch einmal die kon-
servative Rollenvorstellung Fridolins: Männer, die ihre sexuellen Sehnsüchte ausleben, gehören dem Adel an, Frau-
en, die ihre erotischen Bedürfnisse befriedigen, müssen
dagegen Prostituierte sein. Zugleich setzt er sich als männlicher Besucher der geheimen Gesellschaft mit den höheren Schichten gleich und relativiert so seine persönliche
Schuld. In diesem Zusammenhang versucht er auch seine
Erlebnisse der vergangenen Nacht bzw. die tödliche Gefahr, in der sich die Unbekannte vielleicht befindet, zu ver-
harmlosen, indem er die Ballgesellschaft als „Komödie"
(S. 71, Z. 17) bezeichnet, bei der er nach seiner Ansicht
eine standesgemäße, gute Haltung bewahrt habe.

Bei der Villa angekommen wird er bereits vor dem Haus
von einem Bediensteten empfangen, der ihm einen Brief
übergibt. Die namentlich an ihn gerichtete Nachricht enthält eine zweite deutliche Warnung, weitere Nachforschungen zu unterlassen. Fridolin legt den Brief als Schwäche der
Ballgesellschaft (vgl. S. 73, Z. 2 ff.) und als Zeichen dafür
aus, dass die gesuchte Unbekannte noch lebt.

Beruhigt und „seltsam erlös[t]" (S. 73, Z. 22) fährt er nach
Hause, isst dort in Gesellschaft von Frau und Tochter zu

zweite Warnung

*Rückkehr zur
Normalität?*

Mittag und arbeitet schließlich in seiner Praxis. Die Rückkehr in seinen geregelten Alltag bzw. seine Normalität verschafft Fridolin zunächst ein positives Gefühl der Sicherheit, des Halts und der Orientierung. Im weiteren Verlauf des Nachmittags werden in ihm jedoch wieder Zweifel laut. Das Gefühl der peinlichen Berührtheit angesichts der zärtlichen Berührung seiner Frau am Mittagstisch verstärkt sich und er glaubt schließlich zu erkennen, „dass all diese Ordnung, all dies Gleichmaß, all diese Sicherheit seines Daseins nur Schein und Lüge" bedeuten (S. 74, Z. 25 ff.). Fridolin scheint somit immer noch nicht bereit, in die Realität seines Ehealltags zurückzufinden und sich seiner Frau endgültig wieder anzunähern. Es bedarf offensichtlich weiterer Stationen, um diese Entwicklung zu einem Abschluss zu bringen.

In diesem Sinne kehrt Fridolin noch einmal in die Klinik zurück, um Krankenbesuche zu machen, bevor er sich zu dem Haus begibt, in dem Marianne wohnt. Hier, so redet er sich ein, kann er sein Rachewerk an seiner Frau vollenden, ohne auf ähnliche Schwierigkeiten oder Hindernisse zu stoßen wie bei seinen Besuchen zuvor. Der Betrug an Albertine bzw. am künftigen Ehemann Mariannes, Herrn Dr. Roediger, übt auf ihn sogar einen besonderen Reiz aus. Endlich könnte er „eine Art von Doppelleben führen, zugleich der tüchtige, verlässliche, zukunftsreiche Arzt, der brave Gatte und Familienvater sein – und zugleich ein Wüstling, ein Verführer, ein Zyniker, der mit den Menschen, mit Männern und Frauen spielte, wie ihm just die Laune ankam" (S. 75, Z. 7 ff.). In diesem Zusammenhang genießt er besonders die Vorstellung, Vergeltung an Albertine dafür zu üben, dass sie ihn in ihrem Traum gekränkt hat. Er stellt sich vor, ihr seinen Fehltritt zu erzählen und damit ihre Sicherheit „eines ruhigen Ehe- und Familienlebens" (S. 75, Z. 15) zu zerstören. Hier wird noch einmal deutlich, dass Fridolin verzweifelt versucht, die bürgerlichen Werte und Normen mit sei-

Vorstellung von einem Doppelleben

nen sexuellen Wünschen und Sehnsüchten in Einklang zu bringen. Die Aussichtslosigkeit seiner Bemühungen scheint ihm an dieser Stelle noch nicht klar zu sein.

Im Hausflur begegnet ihm Dr. Roediger, der ihm mitteilt, dass Marianne am folgenden Tag mit ihm abreisen werde. Nachdem sich die beiden Herren verabschiedet haben, sucht Fridolin Marianne auf. Das folgende Gespräch verläuft jedoch grundlegend anders, als er es sich vorgestellt hat. Entgegen seinem zuvor noch erträumten Selbstbild – ein erotischer Verführer zu sein – gibt sich Fridolin gegenüber Marianne emotionslos, steif und gezwungen. Schon die Antwort auf ihren ironisch vorgetragenen Vorwurf, dass er sie lange habe warten lassen, zeigt seine Unsicherheit und Inkonsequenz. Ohne jegliches „Mitgefühl, eher mit Ungeduld" (S. 76, Z. 28) begegnet er Mariannes Gefühlsausbruch bzw. Tränen und erläutert ihr sachlich und kühl, warum er es für eine gute Idee halte, aufs Land zu ziehen. Der Gedanke, die junge Frau könne ihm erneut ihre Liebe gestehen, erfüllt ihn sogar mit Angst (vgl. S. 76, Z. 31). Unterkühlt und gezwungen gratuliert er ihr zu der bevorstehenden Hochzeit. Wie versteinert bleibt Marianne zurück, als Fridolin mit dem Gefühl, sich lächerlich verhalten zu haben, das Haus verlässt. Die Szene zeigt somit noch einmal die Diskrepanz zwischen den erotischen Träumen und Sehnsüchten Fridolins und seinem realen Verhalten. Er ist nicht in der Lage, die Rolle des Verführers einzunehmen, und versagt auf ganzer Linie.

erneuter Besuch bei Marianne

Fridolins Versagen und Fluchtgedanken

Tief verunsichert, hilflos und niedergeschlagen kommen ihm „sein Heim, seine Frau, sein Kind, sein Beruf, ja, er selbst" (S. 77, Z. 22 f.) unwirklich vor. In seinem Selbstmitleid überkommt ihn der Gedanke, „abzureisen, gleichgültig wohin, zu verschwinden für alle Leute, die ihn gekannt, irgendwo in der Fremde wieder aufzutauchen und ein neues Leben zu beginnen als anderer, neuer Mensch" (S. 77, Z. 31 ff.). Angesichts seines erneut fehlgeschlagenen Versuchs, seine bürgerlichen Moralvorstellungen und seine sexuellen Wünsche und Sehnsüchte durch eine Affäre mit Marianne zu verbinden, spielt Fridolin gedanklich also eine weitere Möglichkeit durch, nämlich endgültig aus seinem Ehealltag auszubrechen und seine Triebe zu befriedigen.

erneuter Besuch bei Mizzi

In Gedanken vertieft, nahezu traumwandlerisch findet sich Fridolin schließlich in der Gasse wieder, in der er einen Tag zuvor der jungen Prostituierten ins Haus gefolgt ist. Voll Rührung erinnert er sich an Mizzi, die ihm jetzt sogar von allen weiblichen Begegnungen der letzten Nacht als die „Anmutigste" bzw. die „Reinste" (S. 78, Z. 24) erscheint. Er erinnert sich an seinen Vorsatz, der jungen Frau Süßigkeiten und Wein zukommen zu lassen, kauft im nächsten Laden allerlei Essbares ein und betritt das Haus mit dem positiven Gefühl, eine „vernünftige, vielleicht sogar lobenswerte Handlung zu begehen" (S. 78, Z. 31f.). Doch auch hier ändert sich Fridolins Stimmung, je näher er der Wohnung der Prostituierten kommt. Bereits im Hausflur fühlt er sich unwohl und gehetzt (vgl. S. 78, Z. 32ff.). Als man ihm an der Haustür mitteilt, dass Mizzi nicht im Haus sei, ist er erleichtert. Er erfährt, dass die von ihm Gesuchte in die Klinik eingeliefert wurde, um dort eine Geschlechtskrankheit auszukurieren. Fridolins Angst vor einer möglichen Ansteckung in der letzten Nacht hat sich somit als begründet herausgestellt. Das Motiv der Krankheit verweist erneut auf die Gefährlichkeit der Erfüllung außerehelicher sexueller Sehnsüchte bzw. Triebe. Die eindeutigen Annäherungsversuche einer weiteren jungen, leicht bekleideten Dame weist Fridolin zurück und kommt sich dabei albern vor wie ein Schüler.

erneutes Scheitern

Wie bei den Begegnungen zuvor gelingt es Fridolin auch hier nicht, die zuvor erträumte Rolle (galant zu sein), die er gegenüber Mizzi einnehmen wollte, umzusetzen. Resigniert und den Tränen nahe wertet er die Begegnung dementsprechend als ein Zeichen, dass ihm die Verknüpfung seines bürgerlichen Alltags mit seinen geheimen sexuellen Wünschen misslingt.

Trotz allem ist er jedoch noch nicht bereit, seine Suche nach der schönen Unbekannten, die sich auf dem Ball für ihn geopfert hat, aufzugeben. Der Gedanke, nach Hause bzw. zu seiner Frau zurückzukehren, erfüllt ihn zudem mit Unbehagen, sind doch die Verletzungen durch den Verrat seiner Frau noch zu dominant. Fridolin findet sich in einem Café wieder und vertieft sich analog zu der Szene im vierten Kapitel der Novelle in eine Abendzeitung. Als er liest, dass eine „auffallend hübsche Dame" (S. 81, Z. 7), eine Baronin D., gegen Mittag mit schweren Vergiftungen in ihrem Hotelzimmer aufgefunden worden ist, nachdem sie um vier Uhr morgens in Begleitung zweier Herren zurückgekehrt war, glaubt Fridolin, die schöne Unbekannte der Ballgesellschaft gefunden zu haben, und stellt in verschiedenen Hotels und im Krankenhaus Nachforschungen an. Dort muss er erfahren, dass die Frau unter falschem Namen im Hotel abgestiegen ist und trotz aller Bemühungen der Ärzte im Hospital nicht mehr gerettet werden konnte. Obwohl er sich nicht sicher ist, ob er die Tote identifizieren kann, da er nur ihren Körper bzw. ihre Augen kennt, nicht

Suche nach der schönen Unbekannten

Zeitungsmeldung von der vergifteten Baronin D.

Szenenbild aus dem Film „Eyes Wide Shut" (1999)

aber ihr Gesicht, macht er sich auf den Weg zur Pathologie. In seiner Vorstellung verschwimmt dabei das Antlitz seiner Retterin immer wieder mit den Zügen Albertines, was auf eine Annäherung Fridolins an seine Frau hindeutet.

Fridolin in der Pathologie

Um Mitternacht trifft Fridolin im pathologischen Institut ein. In den ihm als Arzt vertrauten Räumlichkeiten überkommt ihn ein geborgenes, sicheres, sogar heimatlich anmutendes Gefühl (vgl. S, 84, 29 ff.). Dies wird ebenfalls unterstützt durch die Begegnung mit seinem ehemaligen

Fachgespräch mit Dr. Adler

Studienkollegen Dr. Adler, den er in ein kurzes, professionelles Gespräch verwickelt. Fridolin befindet sich hier auf der Ebene seines realen, alltäglichen bürgerlichen Lebens, das ihm Halt und Orientierung bietet.

Leichenschau: Motiv des Anschauens und Angeschautwerdens

Die dienstlich anmutende Situation verändert sich erst mit seiner intimen Frage nach dem unbekannten Selbstmordopfer. Dr. Adler führt Fridolin zum Leichnam einer jungen Frau, die ihm einerseits fremd erscheint, ihn andererseits aber auf geheimnisvolle Weise in ihren Bann zieht. Zunächst spielt hier das Motiv des Anschauens und Angeschautwerdens, das bereits das Verhalten der Teilnehmer der Ballgesellschaft im vierten Kapitel geprägt hat, eine wichtige Rolle. Fridolin betrachtet in diesem Zusammen-

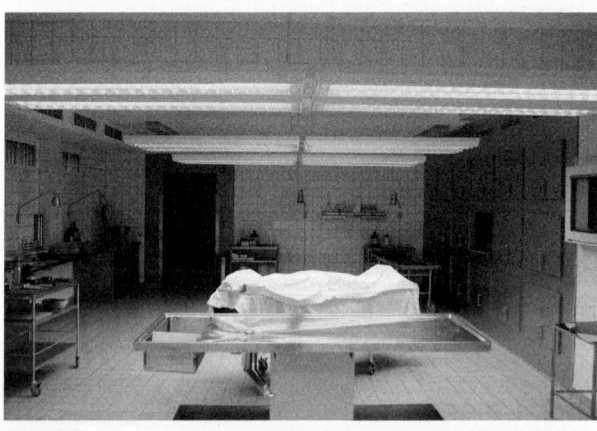

Pathologie

hang die Leiche in all ihren Einzelheiten. Er meint, die Blicke der Toten zu spüren, und fühlt sich von ihnen regelrecht angezogen: „[…] ja ihm war, als irrte unter den halbgeschlossenen Lidern ein ferner, farbloser Blick nach dem seinen; und wie magisch angezogen beugte er sich herab." (S. 88, Z. 25 ff.) Die Situation wird zunehmend intim, als Fridolin gedankenverloren die Hand der Toten ergreift und liebevoll mit ihr spielt, wie er es auch mit Albertines Hand zu tun pflegt. Das Leitmotiv „Hände", das Spiel der Hände, erscheint somit auch hier als Zeichen der Intimität bzw. der intensiven Zuneigung. Fridolin übernimmt in dieser Situation die Rolle eines Voyeurs, kann der weibliche Gegenpart doch seine Annäherungsversuche nicht mehr erwidern. Die Verbindung seiner bürgerlichen Realität mit seinen erotischen Wünsche kann auch hier nicht gelingen. Fridolin befindet sich in seiner Traumwelt und scheint der Realität entrückt.

Leitmotiv: Hände

Erst als der ebenfalls noch anwesende Dr. Adler sein Befremden über das Verhalten seines Studienkollegen ausspricht, kehrt Fridolin langsam in die Wirklichkeit zurück. In diesem Moment hat er den Eindruck, „als ob jetzt, eben erst in diesem Augenblick, dieses Weib gestorben sei" (S. 88, Z. 34 f.). Diese Einsicht markiert den unwiderruflichen Abschluss der nächtlichen Ereignisse und damit das Ende der Suche Fridolins nach Erfüllung seiner außerehelichen erotischen Fantasien und nach Möglichkeiten der Rache an Albertine. Die anschließende Reinigung der Hände bekommt über die hygienische Funktion hinaus nun auch den symbolischen Charakter des Abwaschens von Schuld und Versuchung. Fridolin kehrt in die Sicherheit seines bürgerlichen Lebens zurück, indem er wieder an das dienstliche Fachgespräch mit Dr. Adler vor seinen Erlebnissen in der „Totenkammer" anknüpft und schließlich die Pathologie in Richtung seines Zuhauses verlässt.

Reinigungsritual und Rückkehr ins bürgerliche Leben

Fridolin in der Pathologie

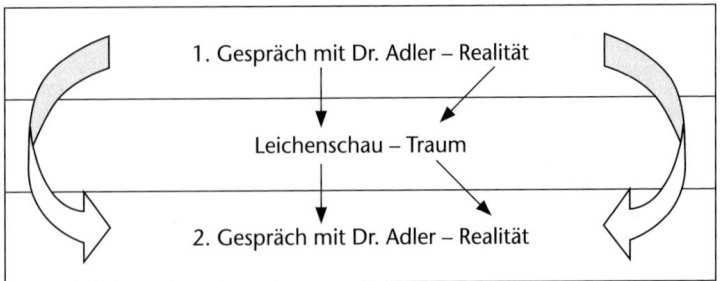

1. Gespräch mit Dr. Adler – Realität

Leichenschau – Traum

2. Gespräch mit Dr. Adler – Realität

Kapitel 7

Rückkehr nach Hause

Zuhause angelangt überkommt Fridolin beim Anblick der im Schlaf ruhig atmenden Albertine ein „Gefühl von Zärtlichkeit, ja von Geborgenheit, wie er es nicht erwartet" (S. 90, Z. 8f.) hat. Er beabsichtigt, ihr die Erlebnisse der letzten Nacht als Traum darzustellen, um sie erst anschließend mit dem Geständnis der realen Abläufe zu konfrontieren.

Szenenbild aus dem Film „Eyes Wide Shut" (1999); die Maske wird entdeckt

Als er sich seiner Frau nähert, erkennt er zu seinem Erschre-   verräterische
cken, dass auf seinem Kissen unmittelbar neben dem Kopf   Maske
seiner Frau die Maske liegt, die er in der vergangenen
Nacht getragen hat. In dem Bewusstsein, dass Albertine
ihn durchschaut und ihm zugleich verziehen hat, bricht
Fridolin weinend zusammen.

Als seine Frau ihm beruhigend und zärtlich über die Haare   entlastendes
streicht, ist er bereit, ihr alles zu erzählen. Das Geständnis   Geständnis
Fridolins markiert das vorläufige Ende des inneren Kampfes
zwischen Verstand und Sehnsucht. Er wechselt vom Erle-
benden zum Erzählenden und schließt mit dieser Ände-
rung seiner Rolle mit den Erlebnissen der Nacht ab. Durch
das Aussprechen gelingen ihm die Verarbeitung der Geschehnisse und eine erneute Festigung seiner Persönlichkeit in der Realität.

Albertine unterbricht das Geständnis ihres Mannes in keiner
Weise, sondern hört ihm mit großer Ruhe zu. Nach einem
langen Schweigen zeigt sich Fridolins Unsicherheit in der
neuen Situation. Er fragt Albertine: „„Was sollen wir tun
[…]?'" (S. 92, Z. 9) Der weitere Verlauf des Gesprächs zeigt
das Verhältnis zwischen den Eheleuten noch einmal ganz
deutlich. Während Fridolin harmoniebedürftig und unsicher
erscheint, macht Albertine einen gefestigten, starken, klugen
und besonnenen Eindruck. In ihrer Antwort verknüpft die
Ehefrau in diesem Sinne die Wunsch- und Realitätsebene
miteinander und macht deutlich, dass die traumhaften Ereignisse nun ein Ende haben (vgl. S. 92, Z. 10ff.). Gleichzeitig räumt sie jedoch indirekt ein, dass die Realität sowie die
Zukunft des Paares von den Ereignissen nicht unberührt
bleiben können: „„Niemals in die Zukunft fragen.'" (S. 92,
Z. 24f.) Sie unterbindet somit den Wunsch Fridolins nach
der Widerherstellung einer oberflächlichen Harmonie und
damit einer Rückkehr in den gewohnten Zustand ihrer Partnerschaft. So sehr Fridolin und Albertine auch in der
Schlussszene wieder zueinandergefunden zu haben schei-

offenes Ende (?)   nen, bleibt das Ende der Novelle somit offen. Die Partnerschaft kann sich positiv entwickeln, es kann jedoch in Zukunft auch wieder zu einem Ausbruch der Ehekrise kommen.

Motiv: Licht   Einen Hinweis auf die versöhnliche Richtung der Entwicklung gibt Schnitzler durch die abschließende Verwendung des Licht-Motivs. Der neue Tag beginnt mit einem „sieghaften Lichtstrahl" (S. 92, Z. 30), der als Hoffnungsschimmer bzw. als Sieg des Lichtes über die Dämonen der nächtlichen Träume gedeutet werden kann.

Hintergründe

Der historische Kontext

Arthur Schnitzler entlarvt in seiner „Traumnovelle" die Doppelmoral seiner Zeit, die sich zwischen traditionellen bürgerlichen Konventionen und einer neuen Bewertung von Sexualität und Triebhaftigkeit des Menschen bewegt. Es ist eine Zeit des Umbruchs, des Niedergangs des alten Kaiserreichs, die zugleich vom Wunsch nach Festhalten an überkommenen Wertvorstellungen und gesellschaftlichen Normen geprägt ist.

Zeit des Umbruchs zwischen Tradition und Moderne

Grundlage des politischen, öffentlichen und kulturellen Lebens in der Doppelmonarchie Österreich-Ungarn war in diesem Zusammenhang ein Traditionalismus, der kaum andere Gedanken oder gar Reformen aufkommen ließ. Kaiser Franz Joseph I. (Amtszeit: 1848–1916) stützte dabei seine Herrschaft auf Aristokratie, Bürokratie, Kirche, Erziehungswesen und Militär.

Traditionalismus in Österreich-Ungarn

Das Leben am Hofe war vollständig von den alten Konventionen bestimmt. Als Grundlage des Umgangs miteinander galt das strenge spanische Hofzeremoniell. Hoffähig waren allein Angehörige der hohen Aristokratie. Die Umsetzung der Macht erfolgte durch einen alle Bereiche der Gesellschaft betreffenden, zuverlässigen und den Prinzipien des Kaisertums klar folgenden Beamtenapparat. Auch die Kirche und das Erziehungswesen verstanden sich als Teil des bürokratischen Systems, das dem Traditionalismus verpflichtet war. Die Armee war eine weitere Stütze der Gesellschaft. An ihrer Spitze standen hohe Adlige, die niederen Ränge wurden aus dem Volk rekrutiert, für das eine allgemeine Wehrpflicht von drei Jahren galt. Das Leben der Soldaten wurde dabei durch einen Ehrenkodex reguliert, der weit in das Zivilleben der Bürger hinein wirksam war.

Industrialisierung und ihre Folgen

Dem Traditionalismus der Habsburger Herrschaft standen die weit reichenden Folgen des technischen Fortschritts um die Jahrhundertwende gegenüber: Die Industrialisierung veränderte das Leben der Menschen in ganz Europa grundlegend. Die Handarbeit wird in dieser Zeit zunehmend durch maschinelle Produktionsverfahren verdrängt. Infolge der einsetzenden industriellen Massenproduktion bzw. der Entstehung der Schwerindustrie kommt es zu der Ausbildung von Industriezentren und Großstädten, dem Ausbau des Geld- und Bankwesens sowie des Verkehrs- und Transportwesens und damit zu einer Beschleunigung des Lebens durch moderne Verkehrsmittel wie das Auto oder die Straßenbahn. Der soziale Wandel von der Ständegesellschaft zur Klassengesellschaft und die damit einhergehende Entstehung einer breiten Arbeiterschaft bergen weitere soziale Konflikte wie etwa Hunger, Armut, Wohnungselend usw.

geistesgeschichtliche Neuerungen

Ferner tragen auch bildende Künstler wie Gustav Klimt, Oskar Kokoschka und Egon Schiele sowie Literaten der Wiener Moderne mit ihren neuen Ausdrucksformen in der Zeit um 1900 zu einem geistesgeschichtlichen Umbruch bei.

Egon Schiele: Die Umarmung (Liebespaar II, Mann und Frau; 1917)

Beschleunigt wurde der gesellschaftliche und politische Umbruch in der Doppelmonarchie zudem durch den Ersten Weltkrieg zwischen 1914–1918, aus dem Österreich-Ungarn an der Seite des Deutschen Kaiserreichs als Verlierer hervorging. Trotz Regierungsverzicht von König Karl IV. bzw. der Ablösung des monarchischen Systems durch eine Republik blieb die Ambivalenz zwischen Tradition und Moderne in Österreich jedoch weiterhin bestehen und prägte die Sichtweise Schnitzlers und anderer bedeutender Autoren der Zeit.

Erster Weltkrieg

Die Figuren der „Traumnovelle" spiegeln die Zeit des Umbruchs zwischen Tradition und Moderne um 1900 wider. Insbesondere Fridolin und Albertine sind gezeichnet durch den inneren Konflikt zwischen traditionellen Moralvorstellungen der damaligen Gesellschaft und modernen Möglichkeiten, die eigenen sexuellen Bedürfnisse und Wünsche auszuleben.

Bezug zur „Traumnovelle"

Schnitzlers Lebensstationen

Am 15. Mai 1862 kam Arthur Schnitzler als ältestes von drei Kindern des jüdischen Facharztes für Kehlkopferkrankungen Johann Schnitzler und dessen Gattin Luise, Tochter des Wiener Arztes Philipp Markbreiter, in Wien zur Welt. Von 1871

Kindheit und Jugend

bis 1879 besuchte er das Akademische Gymnasium und legte am 8. Juli 1879 die Reifeprüfung mit Auszeichnung ab. Noch im Herbst desselben Jahres begann er auf Wunsch seines Vaters mit dem Studium der Medizin an der Universität Wien und wurde am 30. Mai 1885 zum Dr. med. promoviert.

Medizinstudium in Wien

Arthur Schnitzler

1885 bis 1888 arbeitete er als Sekundararzt (Assistenzarzt) am Allgemeinen Krankenhaus der Stadt Wien und war danach bis 1893 Assistent seines Vaters an der Poliklinik in Wien, betätigte sich aber bereits in dieser Zeit als Schriftsteller. Trotz vereinzelter Veröffentlichungen, etwa von Gedichten oder Erzählungen in Zeitschriften, gelang ihm noch kein nennenswerter literarischer Durchbruch. Daneben wandte sich Schnitzler auch verstärkt der medizinisch-wissenschaftlichen Publizistik zu. Von 1886 bis 1893 verfasste er mehr als 70 Beiträge, meist Rezensionen von Fachbüchern, unter anderem als Redakteur der von seinem Vater gegründete Zeitschrift *Internationale Klinische Rundschau.*

literarischer Durchbruch mit Dramen

Ab 1890 entschied sich Arthur Schnitzler – nach starken Selbstzweifeln und gegen den Willen seiner Familie – endgültig für die Literatur. Nach dem Tod seines Vaters 1893 verließ er die Klinik und eröffnete, in der Hoffnung so mehr Zeit und Freiheiten für sein literarisches Schaffen zu finden, seine eigene Praxis. In dieser Zeit kam Schnitzler zunehmend in Kontakt mit bedeutenden Literaturzirkeln in Wien und insbesondere mit Autoren der Gruppe Jung-Wien wie z. B. Hermann Bahr, Hugo von Hofmannsthal, Felix Salten oder Karl Kraus. Unter ihrem Einfluss gelang Schnitzler schließlich 1895 mit dem am Wiener Burgtheater uraufgeführten Trauerspiel „Liebelei" der literarische Durchbruch. Auch in der Folgezeit stand die Produktion von Dramen im Zentrum des Schaffens des Autors. Er machte mit provokanten und gesellschaftskritischen Theaterstücken wie „Freiwild" (1896), „Das Vermächtnis" (1898), „Der grüne Kakadu" (1899), „Der Reigen" (1896/97) und „Professor Bernhardi" (1912) auf sich aufmerksam. Um die Jahrhundertwende entstanden darüber hinaus zunehmend bedeutende Erzählungen wie z. B. „Lieutenant Gustl" (1900), in denen er den Ehrenkodex des österreichischen Militärs angriff. 1901 wurde ihm dafür der Offiziersrang als Oberarzt der Reserve aberkannt. Literarisch gesehen können die Jahre bis zum Ersten Weltkrieg jedoch als Höhepunkt des literarischen Schaffens des Autors bezeichnet werden.

Am 26. August 1903 heiratete Schnitzler die 21-jährige Schauspielerin Olga Gussmann. Ihr gemeinsamer Sohn Heinrich war zu diesem Zeitpunkt bereits ein Jahr alt. 1909 wurde ihre Tochter Lili geboren.

Heirat

Mit Beginn des Ersten Weltkrieges ging das Interesse an den Werken Schnitzlers zurück, da er sich als einer der wenigen österreichischen Intellektuellen nicht für die Kriegstreiberei Österreich/Ungarns und Deutschlands begeistern konnte. 1921 wurde ihm anlässlich der Uraufführung des Theaterstücks „Reigen" ein Prozess wegen Erregung öffentlichen Ärgernisses gemacht. Schnitzler zog daraufhin seine Aufführungsgenehmigung zurück. In dieser Zeit verlagerte sich das Schaffen Schnitzlers auf die Prosa. Es entstanden Erzählungen wie „Fräulein Else" (1924) oder die „Traumnovelle" (1925).

Prosa

Privat gestaltete sich gerade diese Lebensphase des Autors als schwierig. 1921 zerbrach die Ehe mit Olga. Nach seiner Scheidung erzog Schnitzler seine Kinder Heinrich und Lili allein. Der Freitod seiner Tochter im Jahr 1928 erschütterte ihn sehr. In der Folgezeit isolierte sich der Schriftsteller wegen physischer und psychischer Probleme zunehmend und starb am 21. Oktober 1931 im Alter von 69 Jahren an einer Hirnblutung in Wien.

persönliche Krise

Autobiografische Bezüge lassen sich in der „Traumnovelle" wiederfinden. Zum einen ist die Hauptfigur der Erzählung wie Schnitzler Arzt mit einer Privatpraxis, zum anderen spiegelt sich in der zunehmenden Entfremdung Fridolins und Albertines die Ehekrise des Autors mit seiner Frau Olga.

autobiografische Bezüge in der „Traumnovelle"

Literaturgeschichtliche Hintergründe

literarische
Strömung des
Naturalismus

Die Wende zum 20. Jahrhundert ist gekennzeichnet durch einen kulturell-künstlerischen Umbruch. Die wachsenden Spannungen zwischen der auf der einen Seite fortschreitenden Industrialisierung und den daraus entstehenden sozialen Problemen sowie den auf der anderen Seite fortbestehenden konservativen politischen und gesellschaftlichen Normen und Werten führten insbesondere in der jungen Generation zu einem Gefühl der Unzufriedenheit bzw. der Sinnentleerung.

Die Dichter der literarischen Strömung des Naturalismus nahmen diese Stimmung auf und setzten sich das Ziel, die Wirklichkeit möglichst naturgetreu abzubilden. Die Anhänger dieses Literaturprogramms verstanden sich dabei als Beobachter und Erforscher der Realität. Literatur sollte wie ein naturwissenschaftliches Experiment die Gesetzmäßigkeiten der Wirklichkeit aufdecken und möglichst exakt darstellen. Die neue Kunstrichtung sympathisierte dabei mit den Problemen und Zielen der Arbeiterschaft. Das Großstadtleben wurde genauso zum Gegenstand der naturalistischen Literatur wie die Mietskasernen oder das Milieu der Fabriken und Kneipen. Stilistisch hielten in diesem Zusammenhang auch die Umgangssprache, der Jargon und der Dialekt zum ersten Mal Einzug in die Dichtung. Die Hauptfiguren erschienen dabei häufig nicht mehr als Individuen, sondern als durch Milieu, Herkunft und gesellschaftliches Umfeld bestimmt. Seinen Niederschlag findet dies in der „Traumnovelle", zum Beispiel ist die Sprechweise der jungen Prostituierten Mizzi durch das Unterschichtmilieu und den Dialekt geprägt.

Die literarischen Strömungen um 1900 zerfielen schließlich als Gegenströmungen zum Naturalismus in eine Vielzahl unterschiedlicher Richtungen. Das Werk Arthur Schnitzlers wird in diesem Zusammenhang immer wieder der literarischen Bewegung der „Décadence" (frz. Verfall, Niedergang) bzw. der „Wiener Moderne" zugerechnet.

Die Dekadenzdichtung sieht Europa im Zeitalter einer verfallenden Kultur. Hieraus entsteht eine besondere Betonung der subjektiven Wahrnehmung, die sich in einer oft schonungslosen Offenlegung der Abgründe der menschlichen Seele niederschlägt.

Dekadenzdichtung

Daran anknüpfend gründete sich um den Kunsttheoretiker Hermann Bahr 1890 in dem berühmten Wiener Café Griensteidl die Gruppe „Jung-Wien", der auch Arthur Schnitzler angehörte. In Abgrenzung vom Naturalismus lehnte man die wissenschaftliche Aufdeckung kausaler Zusammenhänge durch die Dichtung kategorisch ab. Das Ziel der Literatur sollte es dagegen sein, die Konflikte unter der Oberfläche der bewusst erfahrbaren Wirklichkeit zu erfassen. Gegenstand der Dichtung sei weniger das wissenschaftlich Erklärbare, sondern vielmehr das Unheimliche bzw. noch nicht Erkennbare. Dabei spielten die neuen Ideen und Theorien der Psychologie, insbesondere Sigmund Freuds, eine herausragende Rolle.

„Jung-Wien"

Wiener Café Griensteidl, 1896

In den Augen vieler Wiener Künstler war letztlich nur eines von Bedeutung: ein größtmöglicher Individualismus, am besten in Form des *Genies,* das sich keinen Regeln, keiner Tradition, keinen Pflichten und Zwängen unterwirft und sich, statt das Leben zu planen, treiben bzw. von den jeweiligen Situationen überraschen lässt.

Bezüge zur „Traumnovelle"

In der „Traumnovelle" spielt das Seelenleben der beiden Hauptfiguren eine wesentliche Rolle. Um ihre unterdrückten, unerfüllten sexuellen Wünsche und Sehnsüchte auszuleben, bewegt sich insbesondere Fridolin, aber auch Albertine in einer Welt zwischen Traum und Wirklichkeit. Auf seinem nächtlichen Streifzug durch Wien gerät Fridolin z. B. im Zusammenhang mit der geheimnisvollen Ballgesellschaft immer wieder in rätselhafte und wissenschaftlich nur schwer erklärbare Situationen.

Die Theorien Sigmund Freuds

Seelenleben der Figuren

Schnitzler schrieb Dramen und Erzählungen, in denen er das Augenmerk vor allem auf die psychischen Vorgänge seiner Figuren lenkte. Gleichzeitig mit dem Einblick in das Innenleben der schnitzlerschen Figuren bekommt der Leser auch ein Bild von der Gesellschaft, die diese Gestalten und ihr Seelenleben prägt.

Besonders interessiert nahm Schnitzler in diesem Zusammenhang bereits in seiner Zeit als junger Arzt die neuen Theorien der Psychoanalyse, insbesondere Sigmund Freuds, zur Kenntnis.

Sigmund Freud (1856 – 1939)

In seinen Ausführungen („Das Ich und das Es", 1923) unterscheidet Freud drei „Instanzen", aus denen sich die Psyche jedes Menschen zusammensetzt: *Es*, *Ich*, *Über-Ich*.

Das „Über-Ich" kann im freudschen Strukturmodell der Psyche vereinfacht als die moralische Instanz oder auch das Gewissen angesehen werden und enthält die (moralischen) Normen und verinnerlichten Wertvorstellungen der Umgebung, in der das Individuum aufwächst (insbesondere die der Eltern). Das „Es" als Sitz unbewusster Bedürfnisse und elementarer Lusttriebe wie z. B. Sexualität ist der Gegenspieler des „Über-Ich".

Das „Ich" fungiert in der menschlichen Psyche nach Freud als eine Art Vermittler zwischen den Ansprüchen des „Es" und den Forderungen des „Über-Ich", d. h. als eine Kontrollinstanz, deren Ziel es ist, durch Selbstbeobachtung und kritischen Verstand das eigene reale Verhalten in Übereinstimmung mit dem Idealbild und den unbewussten Bedürfnissen zu bringen.

Sigmund Freuds Modell der menschlichen Psyche

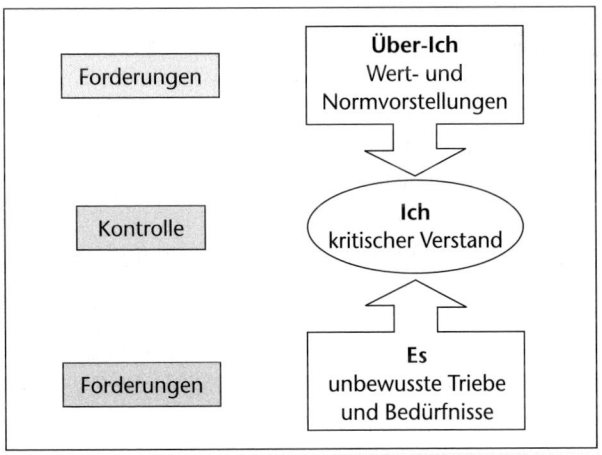

In seinem Werk „Traumdeutung" aus dem Jahr 1899 wendet Freud sein Strukturmodell der menschlichen Psyche auf das Phänomen des Traums an. Er ging in diesem Zusammenhang davon aus, dass der Traum eine verschleierte Erfüllung eines unterdrückten bzw. verdrängten Wunsches darstelle. Er nahm an, dass das „Es", das den unbewussten Teil der menschlichen Persönlichkeit ausmache und Sitz der primären Triebe sei, und das „Ich", also das Bewusstsein oder die Vernunft des Menschen, gemeinsam an dem Traumerlebnis beteiligt seien. Das rationale „Ich" verhindere eine offene Darstellung verdrängter Sehnsüchte und zwinge das „Es", den verdrängten Wunsch zu verschleiern.

Damit sei der Traum, an den man sich nach dem Erwachen erinnere, immer ein Kompromiss zwischen „Es" und „Ich" und müsse entsprechend gedeutet werden.

Schnitzler nahm in diesem Zusammenhang eine durchaus kritische Haltung zu den Theorien Freuds ein. Auf der einen Seite stimmte er den grundlegenden Funktionen der Träume zu, auf der anderen Seite lehnte er jedoch die Konstruktion eines unbewussten „Es" ab. Schnitzler war vielmehr der Meinung, dass auch im wachen Zustand unterdrückte Wünsche und Sehnsüchte eine Rolle spielen bzw. handlungsbestimmend sein könnten. Anstelle des „Es" spricht Schnitzler in diesem Zusammenhang deshalb vom Zustand eines „Mittelbewusstseins".

Die Theorien Freuds finden in der „Traumnovelle" ihren deutlichen Niederschlag. So lässt sich der grundlegende Konflikt zwischen „Über-Ich" und „Es" an den Figuren von Fridolin und Albertine beobachten. Auf der einen Seite sind beide in ihrem Denken geprägt durch die bürgerlichen Moralvorstellungen der Zeit um 1900 („Über-Ich"). Insbesondere Fridolin zeichnet sich in diesem Zusammenhang durch sein patriarchalisch geprägtes Verhältnis zu Frauen aus. Auf der anderen Seite wiederum beschäftigen beide ihre offensichtlich unerfüllten sexuellen Bedürfnisse und Wünsche („Es"). Dieser innere Konflikt der Figuren äußert sich so zum einen unbewusst in Träumen. Albertines Traum im fünften Kapitel kann im Sinne Freuds als Ausdruck der unterdrückten sexuellen Bedürfnisse sowie der zunehmenden Entfremdung gegenüber ihrem Ehemann gedeutet werden. Im Zusammenhang mit Fridolin werden die unterdrückten Sehnsüchte und Wünsche jedoch auch im wachen Zustand handlungsbestimmend. Der von Schnitzler favorisierte Zustand des „Mittelbewusstseins" zeigt sich so etwa in den Begegnungen der Figur mit unterschiedlichen Frauen bzw. in den Geschehnissen der geheimen Ballgesellschaft.

Schnitzlers Themen

Die Handlung der Werke Schnitzlers spielt meist im Wien der Jahrhundertwende. Die agierenden Personen sind typische Gestalten der damaligen Gesellschaft der Stadt: Adlige, Offiziere, Ärzte, Künstler, Journalisten, Schauspieler, leichtlebige Gentlemen und das *naive Mädchen* aus der Vorstadt, das zu so etwas wie einem Erkennungszeichen für Schnitzler und schließlich zum Angriffspunkt für die Gegner seines literarischen Schaffens wurde. *(Randnotiz: Wiener Gesellschaft)*

Es geht Schnitzler in seinen Werken meistens nicht um die Darstellung krankhafter seelischer Zustände, sondern um die Vorgänge im Inneren gewöhnlicher, durchschnittlicher Menschen mit ihren gewöhnlichen Lebenslügen, zu denen eine Gesellschaft voll von ungeschriebenen Verboten und Vorschriften, sexuellen Tabus und Ehrenkodizes besonders die Schwächeren unter ihren Bürgern herausfordert.

Das Leben mit einer Maske, in aufgezwungenen Rollen und das Verhaftetsein in Konventionen sowie das Verhältnis von Sein und Schein nehmen dabei im Werk Schnitzlers *(Randnotiz: Verhältnis von Sein und Schein)* eine bedeutende Rolle ein. Der Aspekt des Lebens als Schauspiel oder als Lebensspiel dominiert etwa das Drama „Der grüne Kakadu" (1899) sowie die Erzählung „Lieutenant Gustl" (1900).

Sexualität und Tod

In Anlehnung an die psychoanalytischen Theorien Sigmund Freuds bringt Arthur Schnitzler darüber hinaus jene Tabus wie Sexualität und Tod zur Sprache, die die damalige bürgerliche Gesellschaft und deren Moral unterschlagen. Im Gegensatz zu Freud offenbart sich das Wesen dieser Gesellschaft und ihrer Teilnehmer bei Schnitzler dabei jedoch nicht als (vorher) Unbewusstes, sondern als *„Halb-Bewusstes"*, etwa im inneren Monolog eines Protagonisten. Schnitzlers Werke beschäftigen sich in diesem Sinne häufig mit Themen wie Ehebruch, Liebe und Lust, heimliche Affären und Frauenhelden, aber auch mit Sterben, Selbstmord und Krankheit wie in den Werken „Liebelei" (1895), „Reigen" (1896/97) oder „Traumnovelle" (1925).

Antisemitismus

In „Lieutenant Gustl" (1900), „Professor Bernhardi" (1912) und „Fräulein Else" (1924) befasste sich Schnitzler zudem mit dem in Wien stark ausgeprägten Antisemitismus.

Das Besondere an Schnitzlers Erzählweise

personale Erzählperspektive

Die Vermittlung insbesondere innerer Vorgänge in epischen Texten setzt eine bestimmte Erzähltechnik voraus. Die personale Erzählperspektive der „Traumnovelle" vermittelt dem Leser dabei vor allem Gefühle, Gedanken und Geschehnisse aus der Perspektive Fridolins. Über die Innen- und Gefühlswelt der anderen Figuren erhält man auf diese Weise nur implizit bzw. indirekt durch deren Aussagen oder die Beschreibung von Verhaltensmustern einen begrenzten Einblick.

Im Zusammenhang mit Fridolin ist es vor allem die Unmittelbarkeit der erlebten Rede, die den Leser dicht an die Erlebnisse Fridolins heranrücken lässt. Es handelt sich hierbei um ein erzählerisches Stilmittel, das zwischen der direkten und der indirekten Rede anzusiedeln ist. Im Unterschied zum inneren Monolog steht die erlebte Rede in der 3. Person Indikativ des epischen Präteritums. So fragt sich etwa Fridolin im Zusammenhang mit der Suche nach der geheimnisvollen Unbekannten in der Pathologie nach den Gründen für sein Handeln: „Und nochmals fragte er sich, was er eigentlich in der Totenkammer wollte? Ja, hätte er sie lebend wiedergefunden, heute, morgen – in Jahren, wann, wo und in welcher Umgebung immer – an ihrem Gang, ihrer Haltung, ihrer Stimme vor allem hätte er sie, so war er überzeugt, unwidersprechlich erkannt." (S. 84, Z. 10 ff.)

erlebte Rede

Darüber hinaus gelingt es Schnitzler mithilfe der Technik des inneren Monologs, dem Leser einen tieferen, direkteren Einblick in die inneren Konflikte seiner Hauptfigur zu geben. Im Gegensatz zur erlebten Rede verwendet man hier die 1. Person Indikativ des Präsens. Nachdem Fridolin z. B. von Studenten provoziert worden ist, sich aber keinem Duell gestellt hat, sucht er nach möglichen Gründen für sein Handeln: „Soll ich mich mit einem betrunkenen Studenten herstellen, ich, ein Mann von fünfunddreißig Jahren, praktischer Arzt, verheiratet, Vater eines Kindes!" (S. 24, Z. 15 ff.)

innerer Monolog

Die Entstehungsgeschichte der „Traumnovelle"

Das die „Traumnovelle" beherrschende Thema „Traum und Wirklichkeit" griff Schnitzler bereits 1899 in seinem Einakter „Paracelsus" auf. Die Hauptfigur Paracelsus ver-

Thema „Traum und Wirklichkeit"

setzt hier die verheiratete Justina per Hypnose in einen traumähnlichen Zustand, um sie in ihrem Unterbewusstsein an ihre voreheliche Liebe zu ihm zu erinnern. Man erkennt hier die Wertschätzung bestimmter Aspekte der Psychologie bzw. das durchaus kritische Interesse des Autors an den Theorien Sigmund Freuds.

erster Entwurf 1907

Ein erster Entwurf der „Traumnovelle" erfolgte schon 1907. In einer Tagebuchnotiz vom 15. Juni berichtete Schnitzler von seiner ersten Idee bezüglich der Erzählung: „Der junge Mensch, der von seiner schlafenden Geliebten fort in die Nacht hinaus zufällig in die tollsten Abenteuer verwickelt wird – sie schlafend daheim findet, wie er zurückkehrt; sie wacht auf – erzählt einen ungeheuern Traum, wodurch der junge Mann sich wieder schuldlos fühlt." (zit. nach: Heizmann, 2006, S. 55)

Überarbeitung zwischen 1922 und 1925

Die Arbeit an der Novelle geriet jedoch schon bald ins Stocken. Eine ernsthafte Auseinandersetzung mit dem Text, der nun den Arbeitstitel „Doppelnovelle" trug, begann erst wieder in den 20er-Jahren.

Zwischen 1922 und 1925 kam es in diesem Zusammenhang zu mehrfachen Überarbeitungen, wobei insbesondere der Ausgang der Geheimgesellschaft sowie der Schluss der Erzählung Schnitzler Kopfzerbrechen bereiteten. In frühen Entwürfen der Erzählung kam es etwa zu einer klaren Deutung der Ballgesellschaft im Sinne sexueller Ausschweifungen adliger Herren mit Prostituierten. Die Szene endete mit einem Duell zwischen Fridolin und einem Vertreter der Veranstaltung. Auch für die prinzipielle Offenheit des Schlusskapitels entschied sich Schnitzler erst sehr spät. Die Aspekte des Unwirklichen bzw. des rätselhaften Verschwimmens zwischen Traum- und Wirklichkeitsebene wurden erst relativ spät das bestimmende literarische Motiv des Textes. In diesem Sinne verwendete der Autor erst 1924 den offiziellen Titel „Traumnovelle" für die Erzählung.

1925 schickte Schnitzler die Endfassung an Paul Wiegler, in dessen Zeitschrift „Die Dame" der Text in Fortsetzungen (Dezember 1925 – März 1926) abgedruckt wurde. 1926 erfolgte schließlich die Veröffentlichung in Buchform beim S. Fischer Verlag.

Veröffentlichung 1925

Novellentheorie

Als literarische Gattung lässt sich die „Novelle" nur schwer definieren und oft nur in Bezug zu anderen Literaturarten abgrenzen. In der Wissenschaft werden jedoch folgende Kennzeichen der „Novelle" immer wieder genannt:

Überblick über die Kennzeichen der Novelle

- Realitätsbezug aller Handlungen
- Neuigkeitscharakter des Erzählten
- Konzentration der Handlung auf ein krisenhaftes Ereignis bzw. einen Grundkonflikt
- die Handlung schöpft ihren Gehalt aus dem psychologischen Bereich
- Konzentration auf wenige Figuren
- geschlossene Handlung; straffe, konzentrierte Handlungsführung; fehlende Nebenhandlung
- Ähnlichkeiten mit einer Dramenstruktur
- Dingsymbol

Wesentliches Kennzeichen der literarischen Gattung Novelle ist die realistische Darstellung des Geschehens. Ein Großteil der Handlung der „Traumnovelle" vermischt die beiden Ebenen von Traum und Wirklichkeit. Sicherlich erscheinen etwa in diesem Zusammenhang die Geschehnisse auf dem Maskenball in der geheimnisvollen Villa auf den ersten Blick unwirklich, bei näherer Betrachtung wird jedoch deutlich, dass auch die extrem vom Üblichen bzw. Alltäglichen abweichenden Handlungselemente grundsätzlich möglich sein könnten bzw. erklärbar sind. Ein allge-

Realitätsbezug aller Handlungen

meiner Realitätsbezug der Geschehnisse ist somit letztendlich gegeben.

Neuigkeitscharakter des Erzählten

In keiner der bekannten Merkmalsbeschreibungen der literarischen Gattung fehlt zudem der Hinweis auf den Neuigkeitscharakter des Erzählten. Der Begriff „Novelle" leitet sich in diesem Sinne von dem italienischen Begriff „novella" ab, der eine kleine Erzählung einer neuen bzw. noch nie vernommenen Begebenheit bezeichnet. Das Ungewöhnliche der „Traumnovelle" liegt dabei sicherlich in der Vermischung der Ebenen von Traum und Wirklichkeit sowie in dem für die damalige Zeit schockierend freizügigen und offenen Umgang mit den sexuellen Sehnsüchten und Wünschen der beiden Hauptfiguren.

Konzentration der Handlung auf ein krisenhaftes Ereignis bzw. einen Grundkonflikt

Die Handlung konzentriert sich ganz auf die Ehekrise zwischen Fridolin und Albertine sowie deren Ursachen und Folgen. Alle Nebenhandlungen und -figuren sind auf das Ehepaar und seine Konflikte ausgerichtet. Die Begegnungen Fridolins im nächtlichen Wien etwa spiegeln seine außerehelichen sexuellen Wünsche und Sehnsüchte, die Ausdruck der Krise zwischen den Ehepartnern sind, wider.

die Handlung schöpft ihren Gehalt aus dem psychologischen Bereich

Die Handlung schöpft ihren Gehalt weitgehend aus dem Seeleninneren bzw. aus dem psychologischen Bereich. Die Geständnisse der Ehepartner werden zu dem auslösenden Moment der Handlung. Die Verarbeitung der außerehelichen Wünsche bzw. deren Auswirkungen auf die seelische Verfassung Fridolins und Albertines stehen im Mittelpunkt der Novelle.

Konzentration auf wenige Figuren; geschlossene Handlung; straffe, konzentrierte Handlungsführung; fehlende Nebenhandlung

Die Geschehnisse kreisen im Wesentlichen um Fridolin und Albertine. Figuren wie Nachtigall, Marianne, Mizzi, Gibiser, Pierrette oder die geheimnisvolle Unbekannte treiben die Handlung voran bzw. spiegeln den Hauptkonflikt in kurzen Textpassagen, ohne zu bloßem Beiwerk zu verkommen. Der Leser folgt ohne wesentliche Abschweifungen oder Nebenhandlungen weitgehend chronologisch und linear den an zwei Tagen ablaufenden Aktivitäten Fridolins. Allerdings enthält die „Traumnovelle" einige wenige Rückblenden. So sind z. B. die Urlaubserlebnisse des Ehepaars sowie insbesondere die Traumerzählung Albertines, die in der Vergangenheit stattgefunden haben, rückblendenartig in die Rahmenerzählung eingebettet. Diese Abweichungen von den Gattungsmerkmalen der Novelle können als Zeichen der Hinwendung Schnitzlers zu einer gelockerten, fragmentarischen Form gedeutet werden.

Laut Theodor Storm lässt sich die Gattung Novelle zudem als „epische Schwester des Dramas" bezeichnen. Auch die „Traumnovelle" zeichnet sich in diesem Sinne durch eine straffe Handlungsführung und eine klare, konsequente Struktur aus, die Parallelen zum Aufbau eines klassischen Dramas aufweist. Dementsprechend nimmt das erste Kapitel des Textes eine deutlich expositorische Funktion ein. Durch den Rückblick auf den von beiden besuchten Ball und die sich anschließende gegenseitige Offenlegung ihrer geheimen Sehnsüchte wird der Leser in die Atmosphäre, die Ausgangssituation, die Zeit, den Ort und die Hauptfiguren der Handlung eingeführt. Im zweiten und dritten Kapitel ist mit den Begegnungen Fridolins mit Marianne, Mizzi und den Studenten auf seinem Weg durch das nächtliche Wien ein Anstieg der Handlung bzw. Spannung zu verzeichnen. Der Höhe- bzw. Wendepunkt der Novelle findet im vierten und fünften Kapitel statt: die Schilderung der Geheimgesellschaft und Albertines Traum. Fridolin versucht anschließend (vgl. Kapitel 6) seinen Weg durch das nächtliche Wien und seine vorangegangenen Begegnungen noch einmal zu wiederholen, wird dabei jedoch immer wieder enttäuscht. Man kann in diesem Sinne von einem retardierenden (verzögernden) Moment bzw. einer fallenden Handlung sprechen, bevor die Heimkehr des Ehemanns und sein Geständnis im siebten Kapitel die vorläufige Lösung des Konflikts markieren.

Durch die Doppelstruktur seines Textes bricht Schnitzler jedoch auch in gewisser Weise mit der klassischen Dramen-

Ähnlichkeiten mit einer Dramenstruktur

struktur. So laufen die Geschehnisse um Fridolin und Albertine weitgehend parallel ab, die Handlung entfaltet sich zweisträngig und nicht einsträngig wie in der klassischen Novelle.

Der Aufbau der Traumnovelle

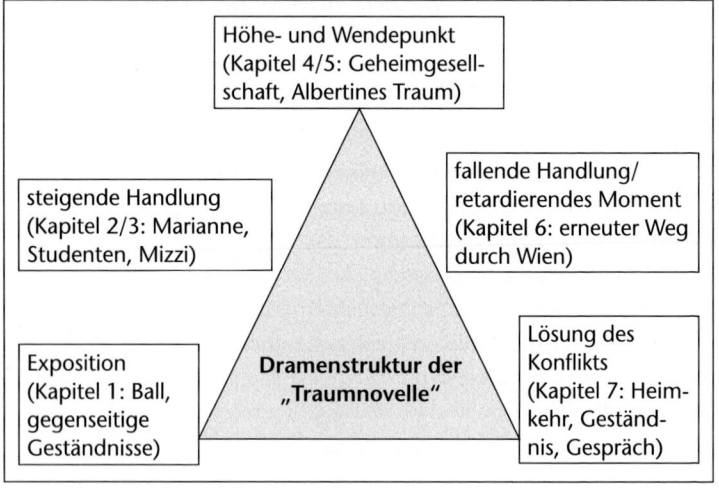

Höhe- und Wendepunkt
(Kapitel 4/5: Geheimgesellschaft, Albertines Traum)

fallende Handlung/
retardierendes Moment
(Kapitel 6: erneuter Weg durch Wien)

steigende Handlung
(Kapitel 2/3: Marianne, Studenten, Mizzi)

Lösung des Konflikts
(Kapitel 7: Heimkehr, Geständnis, Gespräch)

Exposition
(Kapitel 1: Ball, gegenseitige Geständnisse)

Dramenstruktur der „Traumnovelle"

Dingsymbol Ferner sollte jede Novelle ein markantes Motiv bzw. Symbol aufweisen, das an entscheidenden Stellen immer wiederkehrt und auf Allgemeingültiges verweist. Ob in der „Traumnovelle" ein derartiger Gegenstand („Dingsymbol") zu finden ist, ist umstritten. So ließen sich etwa das mehrfach auftauchende Dänemark-Motiv stellvertretend für die unbefriedigten Sehnsüchte der Ehepartner, der Traum für das Unbewusste oder die Maske als Zeichen der Anonymität und Ungebundenheit anführen. Die genannten Symbole sind jedoch nicht an allen zentralen Stellen wiederzufinden, ihre Gewichtung innerhalb des Textes ist diskussionswürdig.

Wirkung und Rezeption der „Traumnovelle"

Die zeitgenössische Rezeption der „Traumnovelle" trug zunächst ambivalenten Charakter. Hatte Schnitzler mit seiner Erzählung „Fräulein Else" im Jahr 1924 bei den Lesern noch einen größeren Erfolg verzeichnen können, fielen die Rezensionen zur „Traumnovelle" unterschiedlich aus. Viele Kritiker betonten die Nähe des Textes zu den psychoanalytischen Theorien Freuds oder wandten sich gegen die für die damalige Zeit für viele zu freizügigen Schilderungen. Es wurde deutlich, dass der Autor in der zweiten Hälfte der 20er-Jahre bereits den Höhepunkt seines literarischen Ruhms überschritten hatte. Als Schnitzler 1931 starb, „würdigte man ihn in meist knappen und kühlen Nachrufen nur als Autor einer abgeschlossenen Epoche, einer ,versunkenen Welt', den man nicht zu Unrecht vergessen habe" (Reich-Ranicki, Sieben Wegbereiter, 2002, S. 18).

zeitgenössische Kritik

1933 wurden seine Werke von den Nationalsozialisten in Deutschland verboten und zusammen mit den Schriften Sigmund Freuds öffentlich verbrannt.

Verbot in der NS-Zeit

Nach dem Zweiten Weltkrieg stand das erzählerische Spätwerk Schnitzlers lange Zeit nicht im Fokus des literarischen Interesses. Erst in den 60er-Jahren des 20. Jahrhunderts zeigten sich wieder erste Ansätze einer ernsthaften wissenschaftlichen Beschäftigung mit dem Autor, wobei man sich insbesondere auf die geschichtliche Einordnung der Werke und die besondere Erzähltechnik bzw. sprachliche Gestaltung konzentrierte.

Rezeption in der Zeit nach dem Zweiten Weltkrieg

Erst mit der Verfilmung der „Traumnovelle" durch Stanley Kubrick unter dem Titel „Eyes Wide Shut" (aus dem Jahr 1999) kam es zu einer Art Wiederentdeckung der Texte Schnitzlers auch für ein breiteres Publikum. Der amerikanische Regisseur Kubrick (1928–1999) hatte sich schon sehr früh von dem Stoff fasziniert gezeigt. 1969 erwarb er

Kubricks Verfilmung „Eyes Wide Shut":

für eine mögliche Verfilmung der Novelle die exklusiven Rechte, beschäftigte sich jedoch nahezu 30 Jahre mit der Planung, bevor die Dreharbeiten begannen. Der Film „Eyes Wide Shut" war das letzte Filmprojekt des Regisseurs, der nur wenige Monate vor der Premiere 1999 starb.

Filmplakat: Eyes Wide Shut (1999)

Probleme der filmischen Umsetzung

Stanley Kubrick sah sich bei der Realisierung des Stoffs mit zwei grundlegenden Problemen konfrontiert. Zum einen stellte die Darstellung der Überschneidungen der Traum- und Realitätsebenen eine besondere Schwierigkeit dar. Auf der anderen Seite waren die überkommenen bürgerlichen Moralvorstellungen vor dem Ersten Weltkrieg eine wesentliche Voraussetzung für das Verständnis der Beweggründe der Hauptfiguren. Albertines sexuellen Fantasien in der modernen, durch Emanzipation und sexuelle Befreiung geprägten Zeit waren kaum noch so schockierend wie damals und für ein modernes Publikum eher befremdlich.

Veränderungen

Vor dem Hintergrund der Zeitlosigkeit der Themen wie Liebe, Sexualität, Eifersucht, unterdrückte Sehnsüchte und Schuld wagte Kubrick dennoch eine Aktualisierung des Stoffs, indem er die Handlung in das New York des 20. Jahrhunderts verlegte. In der für familiäre Geborgenheit stehenden Weihnachtszeit durchleben Bill und Alice als ty-

pisches Paar der gehobenen Mittelschicht die Auswirkungen ihrer Ehekrise. Dabei werden die wesentlichen
Handlungsstränge und Szenen der literarischen Vorlage
weitgehend beibehalten. Auf den ersten Blick fallen lediglich vereinzelte Änderungen auf, wie z. B. die szenische
Darstellung des ersten Balls statt eines Gesprächs darüber,
die Aussprache des Paares beim Einkauf in einem weih-
nachtlich dekorierten Kaufhaus unter Anwesenheit der
Tochter oder der geringe Raum, den der Traum Albertines
im Film einnimmt.

Darüber hinaus werden durch Kubrick die in der Novelle
oftmals nur angedeuteten oder unausgesprochenen Probleme sehr viel deutlicher hervorgehoben als in der literarischen Vorlage. An die Stelle von Rätseln und Fragen tre-
ten Lösungen und Eindeutigkeit. Fragt sich etwa Fridolin in
der „Traumnovelle", was es mit der Geheimgesellschaft auf
sich habe und welche Rolle er dabei eingenommen habe,
wird Bill im Film darüber informiert, dass es sich bei dem
Maskenball um einen Schwindel gehandelt habe. In diesem Zusammenhang führt der Regisseur auch die Figur
eines väterlichen Freunds des Ehemanns, namens Viktor
Ziegler, ein. Er klärt z. B. in einer der Szenen Bill darüber
auf, dass es sich bei der unbekannten Toten um seine Retterin auf dem Maskenball gehandelt habe.

Die Beurteilungen des Films bewegten sich zwischen gro- Filmkritik
ßem Lob und Verriss. Einige der Rezensionen kritisierten,
dass wichtige Leitmotive der Novelle, wie z. B. die Verflech-
tung der Finger oder die Märchenhaftigkeit, in der audiovi-
suellen Umsetzung verloren gegangen seien. Darüber hinaus wurde Kubrick der Verlust der Atmosphäre des Raumes
durch die Verlegung des Handlungsortes von Wien nach
New York angelastet. Die Vermischung der Traum- und Realitätsebene sei vor allem durch plumpe Traum- bzw. Geni-
talsymbolik im Sinne Freuds (Stäbe, Durch- und Eingänge,
etc.) erfolgt. Es komme somit zu einem Verlust des Ge-

heimnisvollen. Im Fokus der Kritik stand in diesem Zusammenhang die filmische Umsetzung der Geheimgesellschaft. Einige Rezensionen beklagten hier die fehlende Sinnlichkeit der Szenen, andere lobten ausdrücklich den künstlerischen Einsatz von Musik, Licht, Kostümen, Masken, Kameratechnik usw., womit die erotische Atmosphäre der Ballszene eindrücklich erzeugt worden sei.

Kubrick selber scheute den Vergleich der Novelle mit seiner visuellen Umsetzung und sah den Film als ein eigenständiges Werk, welches lediglich von Schnitzlers Text inspiriert sei.

Die „Traumnovelle" in der Schule

Der Blick auf die Figuren: Die Personencharakterisierung

Eine literarische Figur charakterisieren – Tipps und Techniken

In einer literarischen Charakterisierung analysiert man neben den äußeren Merkmalen besonders die inneren Wesenszüge einer literarischen Figur. Auf diesem Wege gelangt man zu einer Gesamtinterpretation der Figur. Informationen über literarische Figuren können auktorial, also durch einen Erzähler, oder figural, also durch andere Figuren, übermittelt werden. Zusätzlich lässt sich zwischen expliziter (oder direkter) und impliziter (oder indirekter) Charakterisierung unterscheiden. Explizit wird eine Figur durch direkte Aussagen über sie charakterisiert, implizit durch die Beschreibung von Verhaltensmustern, Aussagen oder Ähnlichem, die Rückschlüsse auf den Charakter der Figur zulassen. In der Regel finden beide Charakterisierungsweisen in einem Text Anwendung.

Für die Erarbeitung einer literarischen Charakterisierung können unter anderem folgende Aspekte und Leitfragen von Bedeutung sein:

1. Personalien und sozialer Status
- Was erfahren wir über den Namen, das Geschlecht, das Alter und den Beruf der Figur?
- Werden auffällige äußere Merkmale beschrieben?
- Wie stellen sich Lebensverhältnisse und das soziale Umfeld der Figur dar?
- Gibt es Informationen zur Vorgeschichte der Figur?

2. Wesentliche Charaktereigenschaften

- Zeigt die Figur typische Verhaltensweisen und Gewohnheiten?
- Was sind ihre hervorstechenden Wesensmerkmale und Charakterzüge?
- Welche Umstände prägen und bestimmen ihre Existenz?
- Welches Bild hat die Figur von sich selbst?
- Welche inneren Einstellungen, welches Weltbild hat die Figur?
- Zeigt die Figur eine Veränderung in ihren äußeren Merkmalen bzw. eine innere Entwicklung?
- Wie wird sie durch die anderen Figuren wahrgenommen?
- Welcher Art sind die Beziehungen zwischen der Figur und anderen Figuren?

3. Sprachgebrauch und Sprachverhalten

- Wie kann man den Sprachgebrauch der Figur allgemein beschreiben (Sprachebene, Sprachstil)?
- Welche Auffälligkeiten lassen sich auf Satz- und Wortebene erkennen (Satzbau, Wortwahl, …)?
- Welche (kommunikativen) Aussagen werden durch die nonverbale Kommunikation (Gestik, Mimik, Körperhaltung) transportiert?
- Welches Gesprächsverhalten, welche Gesprächsstrategien verfolgt die Figur?

4. Zusammenfassung/Fazit

- Wie lässt sich die Funktion der Figur für die Novelle beschreiben?
- Welche Gesamtdeutung der Figur ergibt sich aus den unter 1.–4. gewonnenen Erkenntnissen?

Die Zusammenstellung dient als „Stütze" für die Erarbeitung einer Charakterisierung.

Die folgenden Kurzcharakterisierungen der wichtigsten Haupt- und Nebenfiguren der Novelle können dabei Ideengeber bzw. Leitfaden für die eigene, stärker textbasierte Gestaltung einer Figurencharakterisierung sein.

Fridolin

Der fünfunddreißigjährige Fridolin scheint glücklich verheiratet mit Albertine und zeichnet sich durch seinen liebevollen Umgang mit der gemeinsamen Tochter aus.

Personalien und sozialer Status

Er hat eine Stelle als Assistenzarzt in einer Poliklinik und ist daneben noch in seiner eigenen Privatpraxis tätig. Seine Neigung zu einer ruhigeren Existenz hat die in seiner Studentenzeit ursprünglich eingeschlagene akademische Laufbahn vereitelt. Die Möglichkeit einer Verbesserung seiner beruflichen Perspektiven, z. B. durch die Übernahme einer Abteilung in einem Hospital, bleibt ihm aufgrund seiner fehlenden Professur verschlossen. Immer wieder hegt er in diesem Zusammenhang halbherzige Pläne, seine begonnene Dozentur vielleicht nachzuholen, zu einer

Szenenbild aus dem Film „Eyes Wide Shut" (1999); Bill

praktischen Umsetzung reicht die Motivation jedoch nicht.

Fridolin führt trotz allem ein Leben ohne materielle Sorgen. Er kann sich eine Hausangestellte, ein Kindermädchen, Urlaube in Dänemark und Besuche geselliger Veranstaltungen leisten.

wesentliche Charaktereigenschaften

Sein Denken ist geprägt von einer patriarchalisch-bürgerlichen Einstellung. In diesem Sinne verstimmt ihn etwa das Liebesgeständnis seiner Frau, sie hätte sich ihm auch gerne vor ihrer Hochzeit hingegeben. Seine zukünftige Frau muss jungfräulich in die Ehe gehen. Albertines Schilderung ihres Traums, in dem sie mit einem Unbekannten Sex hatte, ruft in Fridolin in diesem Sinne sogar Hass- und Rachegefühle hervor. Das Sammeln erotischer Erfahrungen stellt, seiner Meinung nach, für Frauen eine amoralische Grenzüberschreitung dar. Entsetzt über die Geständnisse seiner Frau scheint er sich sicher, dass alle Frauen gleich seien, nämlich Verführerinnen bzw. Dirnen.

Männer dagegen dürfen ihren erotischen Sehnsüchten und Wünschen nachgehen. In diesem Zusammenhang zeigt Fridolin eine gewisse Überheblichkeit, mit der er seine eigenen sexuellen Möglichkeiten bei Frauen reflektiert. Er beschließt zwar, seine Ehefrau Albertine aus einem Rachegefühl heraus zu hintergehen, jedoch scheitern sämtliche der folgenden Begegnungen mit Frauen. Fridolin nimmt so auf seinem Weg durch das nächtliche Wien unterschiedliche Rollen ein, die jedoch alle nicht der Realität entsprechen. Marianne gegenüber erscheint er als Verführer wider Willen, im Gespräch mit der Prostituierten Mizzi als Galan, im Zuge der Begegnung mit Pierrette als männlicher Retter und Beschützer.

Keiner der eigenen Vorstellungen scheint Fridolin jedoch letztendlich in der Realität gewachsen zu sein. Der Grund für das Scheitern seiner erotischen Bemühungen liegt dabei u. a. in seiner Furchtsamkeit und der daraus resultie-

renden Unsicherheit begründet. Ängstlich zeigt sich Fridolin in diesem Sinne etwa in der Auseinandersetzung mit
den Korpsstudenten, bezüglich der Ansteckungsgefahr
durch einen Patienten bzw. durch Mizzi sowie bei der Aussprache mit Marianne. Von Selbstzweifeln geplagt hegt er
sogar kurzfristig den Gedanken, aus seiner jetzigen Existenz zu fliehen, um weiteren Gefahren zu entgehen (vgl.
S. 77, Z. 29 ff.).

Letztendlich muss er jedoch erkennen, dass eine Verknüpfung seines bürgerlichen Lebens mit seinen geheimen sexuellen Wünsche und Sehnsüchte für ihn nicht möglich ist.
Ihm wird klar, dass er seine Frau und seine Familie braucht,
und er kehrt reumütig in die Realität seines Alltagslebens
zurück. Obwohl der vollständige Zusammenbruch der Beziehung, insbesondere durch Albertine, gerade noch abge-
wendet werden kann, scheint die neue Vertrautheit zwischen den beiden Ehepartnern nun brüchig und keiner
scheint zu wissen, welche weiteren Prüfungen die Zukunft
bringt.

Fridolin erscheint als ein in seinem patriarchalischen Denken gefangener Charakter, der aus Rache seinen sexuellen
Träumen und Wünschen nachgeht, jedoch mithilfe seiner
Frau erkennen muss, dass die Erfüllung seiner Sehnsüchte
nicht seinem Naturell bzw. der Realität entspricht. Fridolin
findet somit in die Realität seiner Ehe zurück und ist gewillt,
diese fortzusetzen. Die Entwicklung, die die Figur durch-
macht, ist jedoch trügerisch, bleibt die Beständigkeit und
das Weiterbestehen der Ehe doch prinzipiell offen. An Fridolin zeigt sich somit der Konflikt zwischen Sein und
Schein, zwischen Traum und Wirklichkeit. Es wird zudem
deutlich, welche Auswirkungen eine rücksichtslose und
egoistische Verfolgung der eigenen Sehnsüchte auf die Beziehung zu einem geliebten Partner haben kann. Fridolin
macht in diesem Zusammenhang durchaus eine Entwicklung durch, indem er erkennt, dass er seine Frau liebt.

*Zusammen-
fassung/Fazit*

Albertine

Die Ehefrau Fridolins, Albertine, ist zum Zeitpunkt ihrer Verlobung noch keine 17 Jahre alt. Man kann aufgrund weiterer fehlender Angaben nur schätzen, dass sie zum Zeitpunkt der einsetzenden Handlung ungefähr Ende zwanzig und damit etwas jünger als ihr Gatte sein muss.

Sie scheint eine begehrenswerte, attraktive Frau zu sein, was z. B. ihre Ferienerlebnisse in Dänemark verdeutlichen. Ihre Rolle beschränkt sich auf die Pflichten einer treu sorgenden Mutter, Hausfrau und Arztgattin, wobei ihr ein Großteil der Arbeit von einem Kinder- und einem Stubenmädchen abgenommen wird.

Es verwundert daher nicht, dass das Leben Albertines, trotz oberflächlich liebevoller Zuwendung durch ihren Ehemann, trotz einer intakten Familie und trotz der Freiheit von materiellen Sorgen, von sexuellen Sehnsüchten und Wünschen bestimmt ist. Der Wunsch nach einem Ausbruch aus den starren Konventionen zeigt sich immer wieder im Verlauf der Novelle, wie z. B. in der Urlaubsbegegnung mit dem dänischen Offizier. Darüber hinaus kann auch die Traumschilderung als Offenbarung ihrer unterdrückten

Szenenbild aus dem Film „Eyes Wide Shut" (1999); Alice

Sehnsüchte und sexuellen Wünsche sowie als Zeichen ihrer sexuellen Vernachlässigung bzw. ihres Verlangens nach einer ungebundenen Lebensweise gedeutet werden.

Ferner wird im Zusammenhang mit ihren Geständnissen klar, dass Albertine in ihrer Ehe einen aktiveren Part übernimmt. Indem sie sich als Erste gegenüber Fridolin ehrlich öffnet und damit eine Reaktion ihres Ehemanns provoziert, macht sie den Eindruck einer starken, dominanten, klugen und vorausschauenden Persönlichkeit. Auch am Ende der Novelle gelingt es allein Albertine, die brüchig gewordene Ehe zu stabilisieren und ihrem Mann zu verzeihen. Sie erkennt aber auch, dass die Erlebnisse der Nacht nicht ohne Folgen für ihr zukünftiges Eheleben bleiben können.

Albertine erscheint aufgrund ihrer Selbstsicherheit, Besonnenheit und Dominanz als Gegenpart zu ihrem Ehemann. Sie ist sexuell emanzipierter und nicht so stark in den bürgerlichen Konventionen verhaftet wie Fridolin. Genauso wie ihr Ehemann hegt sie jedoch unterdrückte Sehnsüchte und Wünsche, die innerhalb der Ehe offensichtlich nicht ausgelebt werden können. Trotzdem kehrt Albertine am Ende der Novelle in die Realität ihres Familienlebens zurück. *Zusammenfassung/Fazit*

Nachtigall

Nachtigall ist der Sohn eines jüdischen Wirts und stammt aus einem kleinen polnischen Dorf. Er und Fridolin haben sich beim gemeinsamen Medizinstudium kennengelernt. Nachtigall hat jedoch frühzeitig seine Universitätslaufbahn abgebrochen, um sich mithilfe gelegentlicher Geldgeschenke seiner Freunde und seines virtuosen Klavierspiels über Wasser zu halten. Er ist verheiratet, hat vier Kinder, lebt aber die meiste Zeit des Jahres von seiner Familie in Lemberg räumlich getrennt. *Personalien und sozialer Status* wesentliche Charaktereigenschaften

Der etwas verlebt und schmuddelig wirkende Lebenskünstler führt dabei aber offensichtlich ein glückliches Leben. Er lacht viel und ist in der Lage, andere mit seinem hintergründigen Humor anzustecken, kann aber auch in Gesellschaft insbesondere höherrangiger Personen respektlos, frech und unbeherrscht auftreten.

Nachtigall stellt somit so etwas wie eine Kontrastfigur zu Fridolin dar. Der Künstler nimmt nicht die Rolle des braven Ehemanns ein, der seine Familie mit einem konventionellen Beruf ernährt, sondern verdient seinen Lebensunterhalt mit unterschiedlichen künstlerischen und abwechslungsreichen Tätigkeiten. Er erscheint frei und unabhängig von Familie und bürgerlichen Konventionen und verkörpert in gewissem Sinne die Wunschvorstellung Fridolins.

Zusammenfassung/Fazit

Neben der Kontrastierung und damit Verdeutlichung der Figur Fridolins und seiner inneren Konflikte stellt Nachtigalls Erzählung die Initialzündung für Fridolin dar, nach gescheiterten Begegnungen mit unterschiedlichen Frauen seine erotischen Sehnsüchte doch noch zu erfüllen und an der Geheimgesellschaft teilzunehmen. Das Verschwinden Nachtigalls verdeutlicht zudem die Gefahr, in der sich offensichtlich auch Fridolin durch seine Anwesenheit auf dem Ball befunden hat.

Marianne, Mizzi und Pierrette

Marianne

Marianne, die Tochter des verstorbenen Hofrats, wird als eine noch junge Frau im heiratsfähigen Alter beschrieben, die jedoch durch die lange Krankenpflege ihres Vaters und harte Arbeit gezeichnet ist: „Ihr Haar war reich und blond, aber trocken, der Hals wohlgeformt und schlank, doch nicht ganz faltenlos und von gelblicher Tönung, und die Lippen wie von vielen ungesagten Worten schmal." (S. 16, Z. 32 f.)

Trotz ihrer geplanten Hochzeit mit dem Universitätsdozenten Doktor Roediger gesteht sie Fridolin ihre Liebe. Sie übt jedoch eine geringe erotische Anziehung auf Fridolin aus, auch wenn er sie noch einmal aufsucht, weil er glaubt, sie ohne besondere Mühe verführen und seine Rachepläne verwirklichen zu können. Seine Vorstellungen erweisen sich allerdings als illusorisch bzw. nicht umsetzbar. Von Selbstzweifeln geplagt, verlässt Fridolin die Wohnung Mariannes.

Die grundlegende Verunsicherung des Arztes zeigt sich *Mizzi* darüber hinaus auch, als er der als sehr jung, zierlich und hübsch beschriebenen Prostituierten Mizzi begegnet. Mit ihrem leuchtend roten Mund übt sie eine hohe Attraktivität auf Fridolin aus. Die junge Frau wehrt jedoch schließlich die Annäherungsversuche Fridolins ab, um ihn vor einer Geschlechtserkrankung zu schützen, und verweist ihren Verehrer der Wohnung. Mizzi zeigt somit ein für eine Frau ihres Berufsstandes untypisches Verhalten. Sie wirkt in diesem Zusammenhang souverän, unabhängig und selbstbestimmt.

Pierrette ist die dritte weibliche Figur, die Fridolins Erregung *Pierrette* steigert. Die Tochter des Maskenverleihers Gibiser wird als ein „ganz junges Mädchen, fast noch ein Kind, im Pierettenkostüm mit weißen Seidenstrümpfen" (S. 38, Z.20ff.), mit kleinem, schmalem, blass geschminktem Gesicht und schelmisch leuchtenden Augen (vgl. S. 38, Z. 28ff.) beschrieben. Von ihren „zarten Brüsten stieg ein Duft von Rosen und Puder auf" (S. 38, Z. 30f.). Sie zeigt einen selbstbewussten und unbefangenen Umgang mit ihrer Attraktivität und gibt sich den männlichen Besuchern des Kostümverleihs gegenüber kokett. Als sie sich vordergründig Hilfe suchend an Fridolin schmiegt, erregt ihn der Körperkontakt so, dass er am liebsten „die Kleine gleich mitgenommen [hätte], wohin immer – und was immer daraus gefolgt wäre" (S. 39, Z.12f.).

Das Bild der jungen, attraktiven Schönheit wird getrübt, als Gibiser seine Tochter als geisteskrank bzw. „wahnsinnig[es]

[...] verworfenes Geschöpf" (S. 40, Z. 37 ff.) bezeichnet. Später stellt sich heraus, dass Pierrette ihre sexuelle Attraktivität ebenso wie Mizzi finanziell nutzt.

Zusammenfassung/Fazit Die drei Frauen sind potentielle Verführerinnen, mit denen Fridolin glaubt, Albertine betrügen zu können, um sich für ihr Traumgeständnis zu rächen. Sie verdeutlichen in diesem Zusammenhang die sexuellen Begierden Fridolins, aber auch seine Ängstlichkeit und Unsicherheit. Alle drei Begegnungen führen in steigernder Form zu der Geheimgesellschaft – Höhe- und Wendepunkt der Novelle – hin.

Gibiser

Personalien und sozialer Status Der als hager und bartlos beschriebene Maskenverleiher Gibiser erscheint bezüglich seiner Kleidung zunächst wie aus dem orientalischen Märchenbuch der Tochter Fridolins entsprungen. Er trägt einen „altmodisch geblümten Schlafrock" (S. 37, Z. 19) und dazu auf seinem kahlen Schädel eine türkische Mütze mit einer Troddel.

wesentliche Charaktereigenschaften Gibiser bedient Fridolin mit formeller, berufsüblicher Höflichkeit, wird jedoch sofort unfreundlich und abweisend, wenn man seiner Tochter zu nahe tritt. Obwohl sich später herausstellt, dass er Pierrette zur käuflichen Liebe anhält, reagiert er mit einem Zornesausbruch und wilden Drohungen, als er seine minderjährige Tochter im Kostümlager mit drei unbekannten, maskierten Männern antrifft.

Zusammenfassung/Fazit Gibiser entpuppt sich so als ein hinterhältiger und gewissenloser alter Mann und kann in diesem Zusammenhang als Vertreter der männlichen Doppelmoral gedeutet werden. Das Verhalten des Maskenverleihers entspricht weder den Erwartungen an einen Geschäftsmann noch denen an einen Vater: Er öffnet sein Geschäft bei Nacht, ist nicht an Geld oder der Rückgabe des Kostüms interessiert, bezeichnet seine Tochter als geisteskrank, verhält sich ihr gegenüber lieblos bzw. aggressiv und hält sie letztendlich sogar an, sich zu prostituieren. Der Maskenverleiher spricht und bewegt sich „wie auf dem Theater" (S. 37, Z. 20) inmitten von Kostümen und verkleideten Gestalten. Das Geschäft erscheint als ein Grenzbereich zwischen Traum und Wirklichkeit, die Figur, die Handlung sowie die Räumlichkeiten machen einen unwirklichen Eindruck und leiten zur Geheimgesellschaft als Höhepunkt der Novelle hin.

Der Blick auf den Text: Die Textanalyse

Einen Textauszug analysieren – Tipps und Techniken

Für die Analyse (Beschreibung und Deutung) von Auszügen aus epischen Texten stehen grundsätzlich zwei verschiedene Methoden zur Auswahl: die Linearanalyse und die aspektgeleitete Analyse.

In der **Linearanalyse** werden die einzelnen Abschnitte des Aufgabentextes systematisch analysiert, das heißt ihrer Reihenfolge nach. Dies führt in der Regel zu genauen und detaillierten Ergebnissen. Allerdings besteht dabei die Gefahr, dass zu kleinschrittig gearbeitet wird und die übergeordneten Deutungsaspekte des Textausschnitts aus dem Blick geraten.

In der **aspektgeleiteten Analyse** werden diese Deutungsschwerpunkte von vornherein festgelegt. Daraus ergibt sich in der Regel eine sehr problemorientierte und zielgerichtete Vorgehensweise. Dabei werden jedoch die Deutungsaspekte, die nicht im Fokus des Interesses stehen, vernachlässigt.

Aufbauschema

1. **Einleitung:**
   - Autor, Titel, Textsorte, Erscheinungsjahr des Werkes
   - Ort, Zeit, Personen des Textauszugs
   - kurze Inhaltsangabe, thematische Schwerpunkte des Werks

   ↓

2. **Einordnung des Textauszugs in den Gesamtzusammenhang der Novelle:**
   Was geschieht vorher, was nachher?

Linearanalyse	*aspektgeleitete Analyse*
↓	↓
3. **Aufbau des Auszugs:**	3. **Untersuchungsschwerpunkte:**
• Auflistung der Abschnitte/Textgliederung	• Auflistung der ausgewählten Untersuchungsschwerpunkte
↓	↓
4. **Beschreibung und Deutung der unter 3. angegebenen Textabschnitte:**	4. **Beschreibung und Deutung der unter 3. angegebenen Aspekte:**
• Aussagen zum Inhalt des Abschnitts	• Benennen des jeweiligen Aspekts
• Aussagen zur Deutung, Einbettung in den Zusammenhang der Novelle	• Aussagen zur Deutung, Einbettung in den Zusammenhang der Novelle
• Einbezug der sprachlichen Gestaltung	• Einbezug der sprachlichen Gestaltung
• Überleitung zum nächsten Abschnitt	

5. **Schluss:**
   - Zusammenfassung der Ergebnisse
   - Einordnung in einen größeren Deutungszusammenhang
   - (persönliche) Bewertung

Zu beiden Analysemethoden wird im Folgenden eine Schülerlösung präsentiert.

Übungsvorschlag:
Erstellen Sie zuerst jeweils eine eigene Lösung und vergleichen Sie sie dann mit den unten angeführten Vorschlägen. Überprüfen Sie: An welchen Stellen erscheint Ihnen Ihre eigene Lösung schlüssiger? Welche zusätzlichen Anregungen und Einsichten können Sie den Beispieltexten entnehmen?

Beispielanalyse Kapitel 7, S. 90 – 92 (linear)

Aufgabe: Analysieren (beschreiben und deuten) Sie den vorliegenden Textauszug aus der „Traumnovelle" von Arthur Schnitzler.

Einleitung

Der vorliegende Textauszug stammt aus der 1926 erschienenen Novelle „Traumnovelle" von Arthur Schnitzler. In dem Text geht es um die Protagonisten Albertine und Fridolin, die als bürgerliches Ehepaar mit ihrer Tochter im Wien der Jahrhundertwende leben. Ihre Beziehung wird auf die Probe gestellt, als sie sich gegenseitig ihre geheimen sexuellen Träume und Sehnsüchte schildern und auf diese Weise unbekannte Seiten aneinander entdecken. Ihre Wege trennen sich für einige Stunden, in denen sie im Traum und in nächtlichen Erlebnissen in die Nähe des seelischen Abgrundes geraten, bevor sie schließlich wieder zueinander finden.

Einordnung des Textauszugs in den Gesamtzusammenhang der Novelle

Bei dem vorliegenden Textauszug handelt es sich um das letzte Kapitel der Novelle. Nach dem gegenseitigen Geständnis ihrer geheimen Sehnsüchte kommt es für Fridolin auf seinem Steifzug durch das nächtliche Wien zu einer Reihe von rätselhaften Begegnungen mit unterschiedlichen Frauen. Er nimmt schließlich mithilfe eines alten Bekannten an einer Geheimgesellschaft teil, die seine sexuellen Träume spiegelt. Nachdem er entdeckt und des Saales verwiesen worden ist, kehrt er kurzzeitig nach Hause zurück. Seine Frau schildert ihm dort einen Traum, in dem er von ihr hintergangen, gefoltert und getötet wird. In seinen bürgerlich-konventionellen Vorstellungen erschüttert macht sich Fridolin erneut auf, um die Ungereimtheiten der vergangenen Nacht aufzuklären und Rache an Albertine zu üben. Er scheitert jedoch auf ganzer Linie und kehrt zu seiner Frau zurück.

Das zu diesem Zeitpunkt beginnende siebte Kapitel lässt sich in vier Abschnitte gliedern. Zuerst wird die Rückkehr Fridolins geschildert (S. 90, Z. 1 – S. 91, Z. 5). Im zweiten Abschnitt (S. 91, Z. 5 – 27) wird erzählt, wie er die von ihm auf dem geheimen Ball getragene Maske auf seinem Kopfkissen im Ehebett vorfindet. Dies führt in der Folge (dritter Abschnitt, S. 91, Z. 27 – S. 92, Z. 5) zum völligen Zusammenbruch Fridolins und zum Geständnis seiner nächtlichen Aktivitäten. Im vierten und letzten Abschnitt findet ein Gespräch zwischen Albertine und ihrem Mann statt, in dem die beiden die Zukunft ihrer Ehe reflektieren (S. 92, Z. 5 – 32).

Aufbau des Auszugs

Zu Beginn des Kapitels wird beschrieben, dass Fridolin nach seinen gescheiterten Nachforschungen nach Hause zurückkehrt, sich leise entkleidet und seine Ehefrau schlafend vorfindet. Beim Anblick der ruhig atmenden Albertine überkommt ihn ein „Gefühl von Zärtlichkeit, ja von Geborgenheit, wie er es nicht erwartet" (S. 90, Z. 8f.) hat. Dies kann man als Zeichen der erneuten Annäherung Fridolins an seine Frau deuten, für die er insbesondere nach der Schilderung ihres Traums in der Nacht zuvor nur noch Hass empfinden konnte. Das Vertrauen scheint jedoch noch nicht wieder ganz hergestellt zu sein, beabsichtigt er doch zunächst, seiner Frau seine nächtlichen Erlebnisse als Traum darzustellen, um sie erst später mit dem Geständnis der

Deutung der Textabschnitte: Abschnitt I

Wirklichkeit konfrontieren zu müssen. Fridolin ist offensichtlich noch nicht so weit, sich seiner Frau wieder vollständig zu öffnen. Das Geständnis der vollständigen Wahrheit ist ihm offensichtlich noch zu riskant.

Abschnitt II   Diese Einstellung ändert sich schlagartig im zweiten Textabschnitt. Als er sich seiner Frau nähert, erkennt er zu seinem Erschrecken, dass auf seinem Kissen unmittelbar neben ihrem Kopf die Maske liegt, die er in der vergangenen
Nacht getragen hat.

Die Darstellung der Maske als „etwas Dunkles, Abgegrenz-
tes, wie die umschatteten Linien eines menschlichen Ge-
sichts" (S. 91, Z. 8 f.), d. h. also als etwas nicht klar Definier-
bares bzw. Verschwommenes, aber auch Düsteres und Be-
drohliches verdeutlicht auf der einen Seite die zunehmende
Distanz Fridolins zu den Geschehnissen der letzten Nacht,
unterstreicht jedoch auch noch einmal das Geheimnisvolle
und Rätselhafte der Ballgesellschaft.

Albertine ist sich offensichtlich durch den Fund der Maske
bewusst geworden, dass sich hinter der bürgerlichen Fassade ihres Gatten mehr verbirgt, als er zu offenbaren bereit
ist („als hätte sie [die Maske] nun sein, des Gatten, ihr nun
rätselhaft gewordenes Antlitz zu bedeuten", S. 91, Z. 21 f.).
Indem sie die Maske auf das Kopfkissen legt, signalisiert
sie Fridolin, dass sie ihn durchschaut und ihm zugleich verziehen hat. Albertine erscheint somit im Gegensatz zu ihrem Mann als starke, gefestigte und vorausschauende Persönlichkeit.

Abschnitt III   In dem Bewusstsein, entlarvt worden zu sein, und mit der
aufkeimenden Hoffnung auf Vergebung bricht Fridolin im
Folgenden (3. Textabschnitt) weinend zusammen. Als seine Frau ihm beruhigend und zärtlich über die Haare streicht
und ihm damit ihre Treue und Vergebung signalisiert, ist er
bereit, ihr alles zu erzählen. Während seines Geständnisses
hält er die Hand Albertines (vgl. S. 91, Z. 36 f.). Die gegenseitige Berührung kann als Zeichen der fortgesetzten Wie-

derannäherung des Paars gedeutet werden. Mit dem Ende der Schilderungen Fridolins setzt die Morgendämmerung ein als Symbol für den Abschluss der traumähnlichen Erlebnisse der Nacht und einen Neubeginn in der Wirklichkeit. Das Geständnis Fridolins markiert das vorläufige Ende des inneren Kampfes zwischen Verstand und Sehnsucht. Durch das Aussprechen gelingt ihm die Verarbeitung der Geschehnisse und eine erneute Festigung seiner Persönlichkeit in seinem realen Alltag.

Nach einem langen Schweigen zeigt sich zu Beginn des vierten Textabschnitts Fridolins Unsicherheit in der neuen Situation. Er fragt Albertine: „‚Was sollen wir tun […]?'" (S. 92, Z. 9) Der weitere Verlauf des Gesprächs macht das Verhältnis zwischen den Eheleuten noch einmal ganz deutlich. Während Fridolin harmoniebedüftig und unsicher erscheint, macht Albertine einen gefestigten, starken, klugen und besonnenen Eindruck. Die Antwort der Ehefrau zeigt deutlich, dass die traumhaften Ereignisse nun ein Ende haben (vgl. S. 92, Z. 10ff.). Gleichzeitig räumt sie jedoch indirekt ein, dass die Realität sowie die Zukunft des Paares von den Ereignissen nicht unberührt bleiben können: „‚Niemals in die Zukunft fragen.'" (S. 92, Z. 24f.) Sie entspricht somit nicht dem Wunsch Fridolins nach der Wiederherstellung einer oberflächlichen Harmonie in ihrer Ehe und damit auch nicht einer Rückkehr in den gewohnten Zustand ihrer Partnerschaft. So sehr Fridolin und Albertine auch in der Schlussszene wieder zueinander gefunden zu haben scheinen, bleibt das Ende der Novelle offen. Die Partnerschaft kann sich positiv entwickeln, es kann jedoch in Zukunft auch wieder zu einem Ausbruch der Ehekrise kommen.

Einen versöhnlichen Hinweis auf die Richtung der Entwicklung gibt Schnitzler schließlich jedoch durch die erneute Verwendung des Licht-Motivs. Der neue Tag beginnt mit einem „sieghaften Lichtstrahl" (S. 92, Z. 30), der als Hoff-

Abschnitt IV

nungsschimmer bzw. als Sieg des Lichtes über die nächtlichen Erlebnisse gedeutet werden kann.

Schluss Im siebten und letzten Kapitel der „Traumnovelle" wird somit noch einmal deutlich, dass das Ehepaar, insbesondere durch die Öffnung bzw. das schonungslose Geständnis Fridolins sowie die Stärke und Vergebung Albertines, wieder zueinander findet. Auch wenn die Auswirkungen der nächtlichen Ereignisse auf die Ehe sowie die weitere Zukunft der Hauptfiguren noch ungewiss sind, bietet die Novelle somit ein versöhnliches Ende und ruft indirekt zu mehr Offenheit und Toleranz in einer Beziehung auf.

Beispielanalyse Kapitel 4, S. 41, Z. 35 – S. 43, Z. 10 (aspektgeleitet)

Aufgabe: Analysieren (beschreiben und deuten) Sie den vorliegenden Auszug aus der „Traumnovelle" von Arthur Schnitzler.

Einleitung Der vorliegende Textauszug stammt aus der Novelle „Traumnovelle" von Artur Schnitzler aus dem Jahr 1926. In seinem Text thematisiert der Autor die Auswirkungen unausgesprochener sexueller Wünsche und Sehnsüchte auf ein bürgerliches Ehepaar vor dem Hintergrund der patriarchalischen Gesellschaftsordnung des österreichischen Kaiserreiches um die Jahrhundertwende.

Einordnung des Textauszugs in den Gesamtzusammenhang der Novelle Seine Hauptfiguren Fridolin und Albertine bewegen sich nach dem gegenseitigen Geständnis ihrer unerfüllten erotischen Sehnsüchte in einem Schwebezustand zwischen Wirklichkeit und Traum bzw. Sein und Schein. Auf der Suche nach der Verwirklichung seiner Wünsche begegnet insbesondere der Ehemann auf seinem nächtlichen Weg durch Wien unterschiedlichen Frauen bzw. durchlebt verschiedene erotische Situationen. Angetrieben durch eine sonderbare Erregung, die Verlockungen der Gefahr sowie Rachegelüste gegenüber seiner Frau fasst Fridolin den Plan, sich mithilfe eines alten Bekannten unerlaubt Zutritt zu einer rätselhaften Ballgesellschaft zu verschaffen, die die Erfüllung seiner Sehnsüchte verspricht. In dem vorliegenden Textauszug wird die Kutschfahrt aus der Wiener Innenstadt zu der entlegenen Villa, in der die rätselhafte Versammlung stattfindet, beschrieben. Dort angekommen muss Fridolin jedoch schnell erkennen, dass die traumähnliche Geheimgesellschaft keinen Raum darstellt, in dem er seine Träume leben kann, er bleibt vielmehr von den Ereignissen ausgeschlossen. Über Umwege kehrt Fridolin in die Realität, d. h. in seinen bürgerlichen Alltag, zurück. Es kommt zu einer erneuten Annäherung des Ehepaars, die Ehekrise scheint für den Moment überwunden.

Anhand des in dem vorliegenden Textauszug geschilderten Weges lassen sich exemplarisch das Verhältnis zwischen Traum und Wirklichkeit sowie die Verhaftung Fridolins in der realen Welt und die Gefahren, die mit dem Ball verbunden sind, analysieren. *Untersuchungsschwerpunkte*

Fridolin folgt in dem vorliegenden Textauszug in einer Mietkutsche dem schwarzen Fiaker, in dem sein Bekannter Nachtigall sitzt. Die Fahrt zu der geheimen Ballgesellschaft führt die beiden zunächst auf den am Stadtrand gelegenen Galitzinberg. Fridolin erkennt rückwärtsgewandt aus dem Fenster seiner Kutsche die Lichter Wiens, bevor die Wagen in eine Schlucht steuern oder ins Dunkel, das wie eine Schlucht wirkt, und dort ihr Ziel, eine Villa, erreichen. Die Beschreibung der Fahrt symbolisiert in diesem Zusammenhang den zunehmenden Verlust der Realität durch Fridolin sowie sein Eintauchen in eine Traumwelt. Fridolin verlässt mehr und mehr die ihm bekannte Umgebung, d. h. seine gewohnte Realität, in der ihm Straßennamen (vgl. S. 41, Z. 35) und Erinnerungen an Stadtviertel (vgl. S. 42, Z. 17) noch vage Orientierung bieten, und taucht in eine unwirk- *I. Verhältnis zwischen Traum und Wirklichkeit* liche Welt ein, in der er sich immer weniger zurechtfindet („Wo bin ich nun eigentlich?", S. 42, Z. 13). Die Stadt als Sinnbild für Fridolins alltägliches bürgerliches Leben und seine Ehe mit Albertine liegt nun „in der Tiefe", verschwimmt im Dunst (vgl. S. 42, Z. 18 ff.) und gerät letztendlich durch die Fahrt in die Schlucht, ins Dunkel, völlig aus dem Blickfeld. Mit dem Anlegen der Maske bzw. seines Kostüms (vgl. S. 42, Z. 25 ff.) gegen Ende der Fahrt „versteckt" er im übertragenen Sinne endgültig seine bürgerliche Existenz.

II. Verhaftung Fridolins in der Realität

Darüber hinaus lässt sich in dem vorliegenden Textauszug jedoch erkennen, dass Fridolin seinen Platz in der Realität, d. h. in seinem bürgerlichen Alltag bzw. Familienleben, hat. Deutlich wird dies durch die immer wieder auftauchende Sehnsucht nach seinem bürgerlichen Leben. Das Anlegen der Maske erinnert ihn z. B. an das Anziehen seines Arztkittels. Sein beruflicher Alltag erscheint ihm dabei „wie [...] etwas Erlösendes" (S. 42, Z. 29 f.). Gedanklich rekapituliert er noch einmal seinen bisherigen nächtlichen Weg und fragt sich, zu welcher der Frauen, mit denen er an diesem Abend zusammen war, er gerne zurückkehren würde. Im Zusammenhang mit seiner Ehefrau empfindet er dabei offensichtlich keinerlei Sehnsucht, weniger jedoch aus mangelnder Verbundenheit als aus dem Bewusstsein heraus, dass der Weg nach Hause, d. h. in die Wirklichkeit zurück, sich besonders schwierig und langwierig gestalten würde. Ferner überkommen ihn immer wieder Zweifel, das Richtige zu tun: „Ich hätte nicht fortgehen sollen, vielleicht nicht dürfen." (S. 42, Z. 12 f.)

III. Gefahren der Ballgesellschaft

Verstärkt wird dieses Gefühl Fridolins durch die immer wieder anklingende Bedrohlichkeit des Weges zu der rätselhaften Ballgesellschaft. Hierbei spielen das Todesmotiv sowie die Farb- bzw. Lichtmetaphorik eine besondere Rolle. Fridolins Fiaker folgt einer geschlossenen Kutsche, die einem „Trauerwagen" gleicht (S. 41, Z. 33). Passend dazu trägt der dazugehörige Kutscher einen schwarzen, hohen Zylinder und fällt vor allem durch seine völlige Unbeweglichkeit auf. Die Fahrt führt vom hell erleuchteten Wiener Stadtgebiet durch immer dunkler werdende Gassen. Je tiefer Fridolin in die Traumwelt der Geheimgesellschaft eintaucht, umso bedrohlicher erscheint also die Umgebung. Kurz vor dem Ziel kommt es in diesem Sinne „mit einem sehr heftigen Ruck" zu einer plötzlichen Richtungsänderung: „[…] zwischen Gittern, Mauern, Abhängen ging es abwärts wie in eine Schlucht." (S. 42, Z. 23 ff.) Assoziationen mit einem Abstieg in die Hölle scheinen hier erlaubt. Die Fahrt ist unaufhaltsam, schicksalhaft und Fridolin fühlt sich immer stärker verpflichtet, seinen Weg fortzusetzen: „Weiter meinen Weg, und wär's mein Tod." (S. 43, Z. 5 f.) Die bereits zuvor angeklungenen Motive „Tod" und „Schicksal" werden hier noch einmal aufgenommen und verstärkt.

Insgesamt zeigt sich also, dass in dem vorliegenden Text- *Schluss* auszug das Verschwimmen der Ebenen zwischen Traum und Wirklichkeit deutlich wird. Fridolin ist in der Welt der Geheimgesellschaft ein Fremdkörper, er gehört zur realen Welt seines beruflichen Alltags bzw. seiner Familie. Die Fahrt zur rätselhaften Villa greift somit den Ereignissen auf dem Ball voraus bzw. bereitet sie vor.

Der Blick auf das Abitur: Themenfelder

Dieses Kapitel dient zur unmittelbaren Vorbereitung auf die Prüfung: Schulaufgabe bzw. Klausur oder schriftliche bzw. mündliche Abiturprüfung. Die wichtigsten Themenfelder werden in einer übersichtlichen grafischen Form dargeboten. Außerdem verweist eine kommentierte Liste mit Internetadressen (S. 101 f.) auf mögliche Quellen für Zusatzinformationen im Netz.

Die schematischen Übersichten können dazu genutzt werden,
- die wesentlichen Deutungsaspekte der Novelle kurz vor der Prüfungssituation im Überblick zu wiederholen,
- die Kerngedanken der Novelle noch einmal selbstständig zu durchdenken und
- mögliche Verständnislücken nachzuarbeiten.

Zum Verständnis der Schemata ist die Kenntnis der vorausgehenden Kapitel unerlässlich. Die folgenden Schwerpunktsetzungen beruhen auf Erfahrungen aus jahrelanger Prüfungspraxis. Die Übersicht V (Vergleichsmöglichkeiten mit anderen literarischen Werken, S. 100) soll als Anregung dienen, um den eigenen Lektürekanon auf möglicherweise interessante Vergleichspunkte hin abzuklopfen.

Übersicht I: Aufbau und Struktur der „Traumnovelle" – „Doppelnovelle"

Verhältnis der beiden Ebenen Wirklichkeit und Traum	Fridolin (Handlungsstrang 1)	Albertine (Handlungsstrang 2)	Verhältnis von Tag und Nacht
	gemeinsamer Maskenball; Gespräch bzw. Geständnisse		Tag
Vermischung von Wirklichkeit und Traum	1. Weg durch das nächtliche Wien: Marianne, Mizzi, Gibiser/Pierrette, Geheimgesellschaft	Traum	
			Nacht
	Traumschilderung Albertines	Traumschilderung Albertines	
	2. Weg durch Wien: Gibiser/Pierrette, Geheimgesellschaft, Marianne, Mizzi	Entdecken der Maske	
Rückkehr in die Wirklichkeit	Heimkehr/Geständnis Fridolins; Abschlussgespräch des Ehepaars		Tag

Übersicht

Traum
(z. B. Kap. 1: Märchen;
Kap. 4: Geheimgesellschaft;
Kap. 5: Albertines Traum)

religiöse Motive
(z. B. Kap. 4: Geheimgesellschaft;
Kap. 5: Albertines Traum)

Gerüche
(z. B. Kap. 2: Wohnung Mariannes;
Kap. 6: Pathologie)

Märchen
(z. B. Kap. 1: Märchenerzählung;
Kap. 4: Geheimgesellschaft)

Dänemark
(z. B. Kap. 1: Sommerurlaub;
Kap. 4: Parole Geheimgesellschaft;
Kap. 5: Mann im Traum Albertines)

Spiel der Hände
(z. B. Kap. 5: Schilderung Albertines;
Kap. 6: Fridolin und die Tote in der
Pathologie;
Kap. 7: Gespräch Albertine – Fridolin)

Musik
(z. B. Kap. 4: Musik auf dem Ball)

eitmotive und Symbole

Augen/Blicke
(z. B. Kap. 1: Albertine und der junge Offizier/Fridolin und das Mädchen am Strand;
Kap. 2: Fridolin und Marianne;
Kap. 4: Geheimgesellschaft)

Nacktheit
(z. B. Kap. 4: Geheimgesellschaft)

Maske
(z. B. Kap. 4: Geheimgesellschaft;
Kap. 5: Albertines Traum)

Leitmotive und Symbole

Raumgestaltung
(z. B. Kap. 2: Wohnung Mariannes;
Kap. 4: Geheimgesellschaft)

Krankheit und Tod
(z. B. Kap. 2: Tod des Hofrats;
Kap. 4: Warnung auf dem Ball;
Kap. 5: Schicksal Fridolins im Traum Albertines;
Kap. 6: Pathologie)

Dunkelheit und Licht
(z. B. Kap. 4: Räumlichkeiten der Geheimgesellschaft;
Kap. 7: aufgehende Sonne)

Übersicht III: Kennzeichen der Novelle

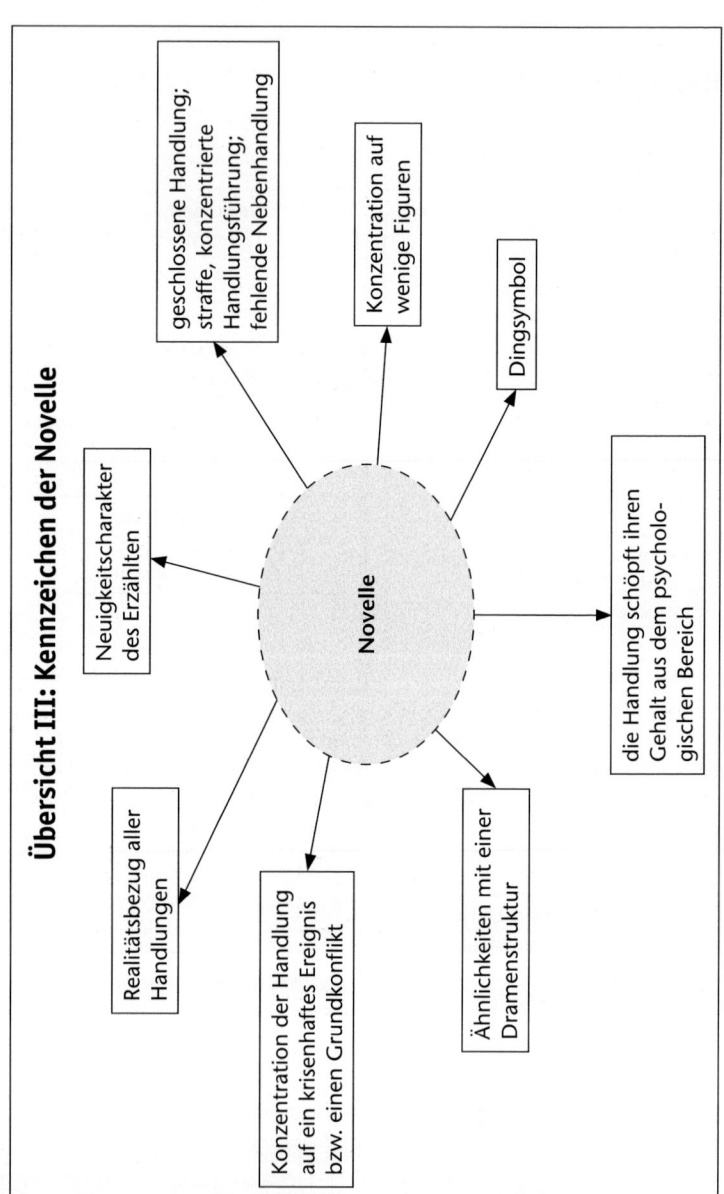

- geschlossene Handlung; straffe, konzentrierte Handlungsführung; fehlende Nebenhandlung
- Konzentration auf wenige Figuren
- Dingsymbol
- Neuigkeitscharakter des Erzählten
- **Novelle**
- die Handlung schöpft ihren Gehalt aus dem psychologischen Bereich
- Realitätsbezug aller Handlungen
- Konzentration der Handlung auf ein krisenhaftes Ereignis bzw. einen Grundkonflikt
- Ähnlichkeiten mit einer Dramenstruktur

Übersicht IV: Mögliche Untersuchungsschwerpunkte

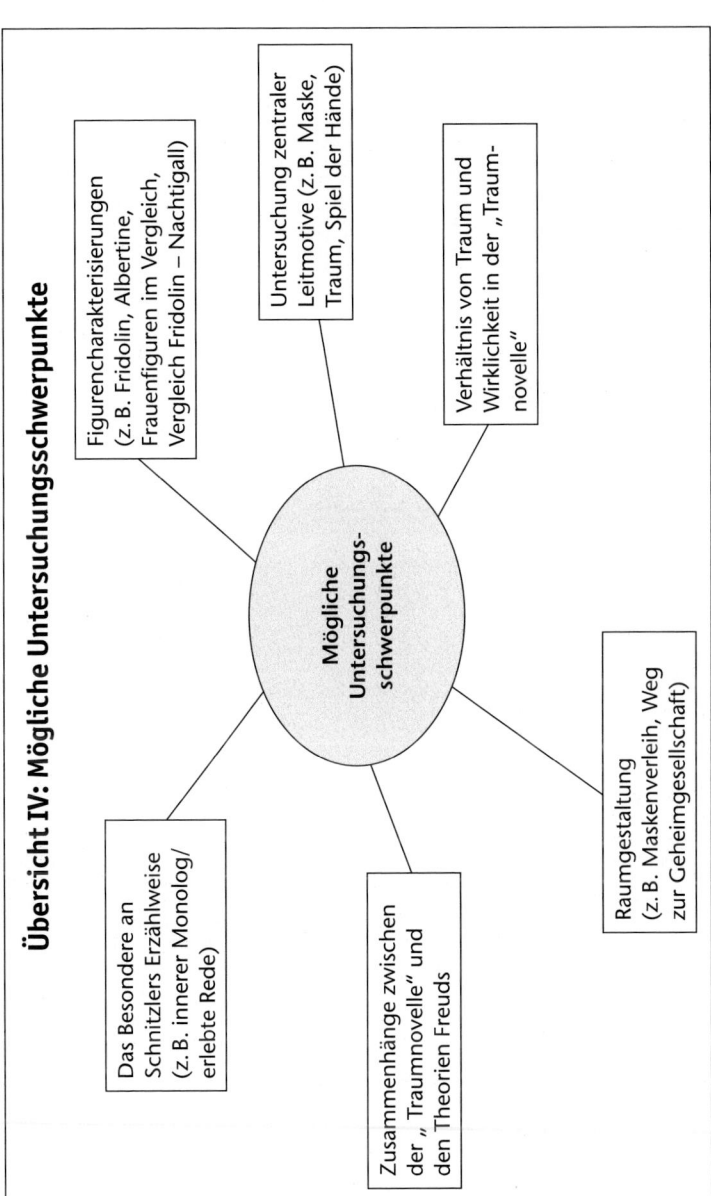

Figurencharakterisierungen (z. B. Fridolin, Albertine, Frauenfiguren im Vergleich, Vergleich Fridolin – Nachtigall)

Untersuchung zentraler Leitmotive (z. B. Maske, Traum, Spiel der Hände)

Verhältnis von Traum und Wirklichkeit in der „Traumnovelle"

Mögliche Untersuchungsschwerpunkte

Das Besondere an Schnitzlers Erzählweise (z. B. innerer Monolog/erlebte Rede)

Zusammenhänge zwischen der „Traumnovelle" und den Theorien Freuds

Raumgestaltung (z. B. Maskenverleih, Weg zur Geheimgesellschaft)

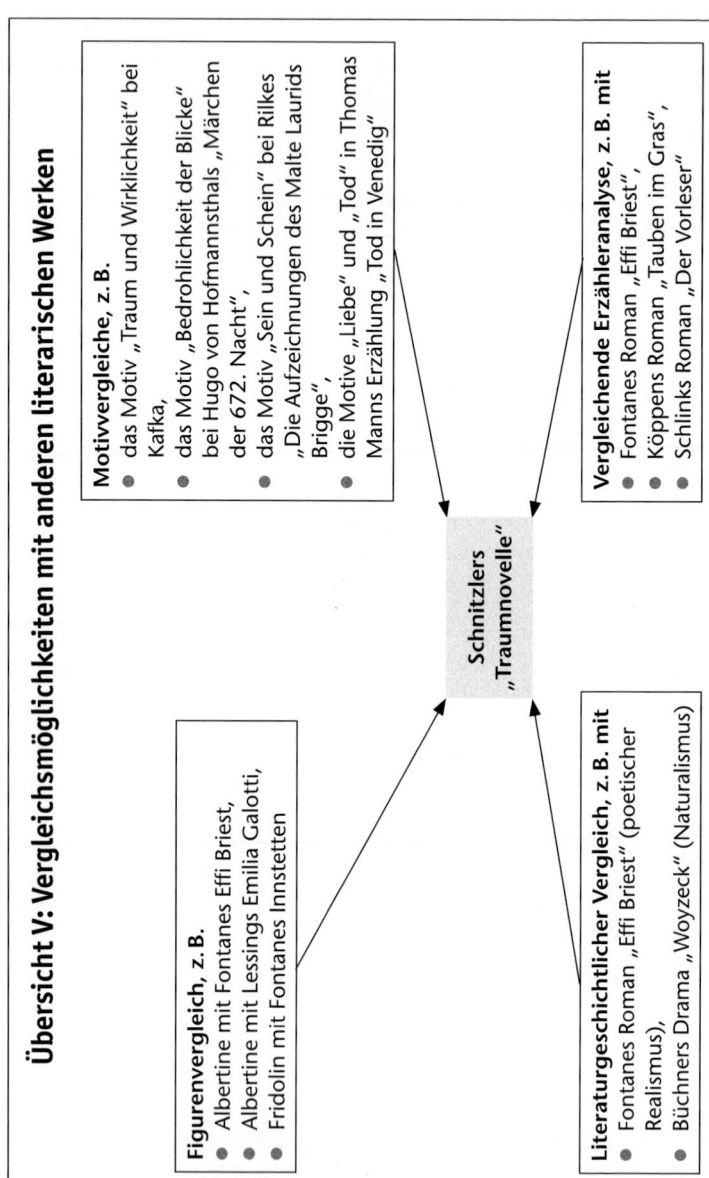

Übersicht V: Vergleichsmöglichkeiten mit anderen literarischen Werken

Schnitzlers „Traumnovelle"

Motivvergleiche, z. B.

- das Motiv „Traum und Wirklichkeit" bei Kafka,
- das Motiv „Bedrohlichkeit der Blicke" bei Hugo von Hofmannsthals „Märchen der 672. Nacht",
- das Motiv „Sein und Schein" bei Rilkes „Die Aufzeichnungen des Malte Laurids Brigge",
- die Motive „Liebe" und „Tod" in Thomas Manns Erzählung „Tod in Venedig"

Vergleichende Erzähleranalyse, z. B. mit

- Fontanes Roman „Effi Briest",
- Köppens Roman „Tauben im Gras",
- Schlinks Roman „Der Vorleser"

Figurenvergleich, z. B.

- Albertine mit Fontanes Effi Briest,
- Albertine mit Lessings Emilia Galotti,
- Fridolin mit Fontanes Innstetten

Literaturgeschichtlicher Vergleich, z. B. mit

- Fontanes Roman „Effi Briest" (poetischer Realismus),
- Büchners Drama „Woyzeck" (Naturalismus)

Internetadressen

Unter diesen Internetadressen kann man sich zusätzlich informieren:

www.arthur-schnitzler.at/asg_n/index1.html
(Website der Arthur-Schnitzler-Gesellschaft mit Kalender und Texten zum Herunterladen)

http://portal.uni-freiburg.de/ndl/personen/achimaurn hammer/schnitzlerarchiv.html/startseite
(Arthur-Schnitzler-Archiv der Universität Freiburg)

Bibliografien, Verzeichnisse
http://web.skku.edu/german/essay/mla_bibl/schnit98.htm
(Liste mit Sekundärliteratur zu Arthur Schnitzler aus der MLA-Bibliography 1981–1998 (118 Werke))

http://gutenberg.spiegel.de/autoren/schnitzl.htm
(Schnitzlers Werke im Projekt Gutenberg)

www.hamburger-bildungsserver.de/welcome.phtml?unten=/faecher/deutsch/autoren/schnitzler/index.htm
(Umfangreiche Linksammlung vom Hamburger Bildungsserver)

www.ogl.at/OGL-Link/S/Schnitzler_Arthur.html
(Linksammlung zu Arthur Schnitzler von der Österreichischen Gesellschaft für Literatur)

www.tour-literatur.de/sekundlit_autoren/schnitzler_sekundlit.htm
(Sekundärliteratur zu Arthur Schnitzler von TourLiteratur)

Kurzbiografien

www.oeaw.ac.at/oebl/bios/schnitzler.htm
(Biografie von Schnitzler aus dem Österreichischen Biografischen Lexikon)

www.dhm.de/lemo/html/biografien/SchnitzlerArthur
(Kurzbiografie von Schnitzler des Deutschen Historischen Museums)

www.lehrer.uni-karlsruhe.de/~za874/homepage/schnitzler.htm
(Werkübersicht und tabellarische Biografie Schnitzlers von Willi Vocke)

www.aeiou.at/aeiou.encyclop.s/s307994.htm
(Informationen zu Schnitzler des „Österreich Lexikons")

www.sbg.ac.at/lwm/frei/generated/a7.html
(Kurzbiografie Schnitzlers des Lexikons „Literatur in der Wiener Moderne")

Spezialthemen

www.dieterwunderlich.de/Schnitzler_traumnovelle.htm
(Inhaltsangabe und Kommentar zu Schnitzlers „Traumnovelle" von Dieter Wunderlich)

Schulprojekte

www.zum.de/schule/Faecher/D/BW/gym/Novellen/schnitzler/index.htm
(Materialsammlung zu Schnitzlers „Traumnovelle" von Klaus Dautel)

www.re.shuttle.de/re/mcg/deutsch/schnitzl.htm
(Schulreferat über Schnitzlers „Traumnovelle" von Anna Wittenborg)

[Stand: 28.04.2010]

Literatur

Textausgabe:

Arthur Schnitzler: Traumnovelle, hrsg. von Johannes Diekhans, erarbeitet, mit Anmerkungen und Materialien versehen von Melanie Prenting, Schöningh Verlag, Paderborn 2009

Heizmann, Bertold: Arthur Schnitzler. Traumnovelle. Erläuterungen und Dokumente, Reclam, Stuttgart 2006

Kim, Hee-Ju: Traumnovelle. Maskerade der Lust. In: Kim, Hee-Ju/Sasse, Günter (Hrsg.): Arthur Schnitzler. Dramen und Erzählungen. Interpretationen, Reclam, Stuttgart 2007, S. 209–229

Scheible, Hartmut: Schnitzler. Rowohlt, Hamburg [14]2007

Wagner, Renate: Wie ein weites Land. Arthur Schnitzler und seine Zeit, Amalthea Signum Verlag, Wien 2006

Literatur